홍신애의 제대로 집밥

홍신애의 제대로 집밥

1판 1쇄 발행 6월 13일
1판 5쇄 발행 9월 25일

지은이 홍신애
발행인 양원석

편집장 황혜정
편집 한지윤, 김기남, 차선화
디자인 형태와내용사이
구성 양하림
교정·교열 홍주연
요리 스타일링 키친소노마 한지혜, 김예솔, 박희수, 차건, 곽지현
사진 페아스튜디오 박지홍

해외저작권 황지현
제작 문태일
영업·마케팅 이영인, 양근모, 장현기, 박민범, 이주형, 이선미

펴낸 곳 (주)알에이치코리아
주소 서울시 금천구 가산디지털 2로 53, 20층(가산동 한라시그마밸리)
편집문의 02-6443-8860
구입문의 02-6443-8838
홈페이지 www.rhk.co.kr
등록 2004년 1월 15일 제 2-3726호

ISBN 978-89-255-5926-1 13590

- 이 책은 (주)알에이치코리아가 저작권자와의 계약에 따라 발행한 것이므로
  본사의 서면 허락 없이는 어떠한 형태나 수단으로도 이 책의 내용을 이용하지 못합니다.
- 잘못된 책은 구입하신 서점에서 바꾸어드립니다.
- 책값은 뒤표지에 있습니다.

대단한 요리 말고, 따뜻한 집밥이 그리운 날

홍신애의 제대로 집밥

홍신애 지음

로지

Prologue

내가 생각하는 집밥이란?

요즘 TV 채널을 돌리다 보면 맛있는 요리를 소개하는 프로그램이 엄청 많아졌습니다. 많은 사람들이 그 어느 때보다 '미식'에 관심을 가지게 되었지요. 맛있는 음식을 찾아다니는 것이 문화생활이 되어 여가 시간에 '맛집'을 찾아다니는 사람들도 많아졌고, 사람들이 모여 맛있는 음식을 주제로 한바탕 토론을 벌이기도 합니다.

그런데 주변 분들한테 자주 듣는 말이 있습니다. '대단한 요리 말고 제대로 된 집밥'이 그립다는 것입니다. 식문화의 수준이 올라가는 것도 반갑지만, 매일 먹는 밥상의 중요성을 다시 한 번 생각하게 하는 말입니다.

그래서 우리에게 '집밥'이란 무엇일까에 대해 곰곰이 생각해보게 되었습니다. 집은 우리가 모든 것을 내려놓을 수 있는 편안한 공간입니다. 우리 어머니들은 화려하지는 않지만 가족들이 맛있게 먹고 건강할 수 있는 편안한 음식을 내주기 위해 늘 고민하시지요. 그 누구보다 가족의 건강과 식성을 잘 알고 어떤 재료를 고를지 고민하며 정성을 담아 밥상을 차려냅니다. 그래서 많은 사람이 세상에서 가장 맛있는 음식을 '우리 엄마가 차린 밥상'이라고 생각하나 봅니다. 그렇게 '믿음과 신뢰가 담긴 음식'이 바로 '집밥'이 아닐까요.

제가 집밥에서 무엇보다 중요하게 생각하는 것은 건강한 쌀로 고슬고슬 잘 지은 '밥'입니다. 특이하고 맛깔스러운 음식으로 차린 한정식으로 인기를 끌고 있는 식당도 많지만, 우리 밥상 문화의 중심은 누가 뭐래도 '밥'이라고 생각합니다. 밥만 맛있어도 몇 가지 반찬만 더하면 맛있는 밥상을 차릴 수 있습니다. 밥은 반찬의 맛을 제대로 살려 밥상을 풍요롭게 만드는 한편, 우리 몸에 이로운 다양한 영양분을 가지고 있습니다.

이 책에서는 저희 집 식탁 위에 매일 올라가는 레시피를 소개했습니다. 밥을 맛있게 짓는 방법부터 만들어 놓으면 감칠맛을 내는 양념과 저장 반찬, 건강한 제철 재료로 깔끔한 맛을 낼 수 있는 반찬들을 선별했습니다. 지금부터 세상에서 가장 평범하고 간단하지만 질리지 않고 매일 먹을 수 있는, 건강한 '홍신애식 집밥'을 소개하겠습니다.

홍신애

Contents

Prologue 내가 생각하는 집밥이란? 4

PART 1
홍신애식 집밥의 구성과 준비

홍신애식 집밥의 구성 12
홍신애식 계량법 14
기본 양념장과 육수 만들기 만능 양념 간장 18 만능 양념 된장 19 만능 흑초 고추장 20 만능 육수 22
저는 이 제품을 씁니다 24

PART 2
홍신애식 집밥의 기본

밥부터 제대로 짓기 쌀에 대해 우리가 몰랐던 것들 31 맛있는 오분도미 냄비밥 짓기 32
다른 도구로 밥 짓기 34 비상용 즉석밥 만들기 34

기본 장 & 김치 & 장아찌 만들기 두부 쌈장 36 다시마 국물김치 38 양파 김치 40 오이소박이 42
알배추 겉절이 44 깍두기 45 하얀 무생채 46 동치미 48 오이피클 50
고추 장아찌 52 무 된장 장아찌 54

과일청 매실청 57 오미자청 57 석류청 57 모과청 57

PART 3
매일 즐기는 홍신애식 집밥

봄 Spring

봄 정식 1 간장 돼지 불고기 64 소고기 미역국 66 참나물무침 68 씀바귀 고추장무침 69
봄 정식 2 매콤한 가자미찜 72 달래 두부 된장국 74 보리새우 시금치 된장국 75 보리새우 마늘종볶음 76
봄 정식 3 꿀 마늘소스 전복구이 80 모둠 조개탕 82 얼큰한 재첩국 84 봄동 된장무침 86 돌미나리무침 87
봄 정식 4 까나리액젓 양념 돼지 불고기 90 고추장찌개 92 달래전 94
봄 정식 5 마늘 떡갈비 98 얼큰한 순두부찌개 100 도라지 오이생채 102
봄 정식 6 알배기 주꾸미볶음 106 주꾸미 손질하기 108 맑은 양배춧국 109 풋마늘튀김 110
봄 정식 7 양념 게장 114 꽃게 손질하기 117 감자 달걀국 118 미역 오이 초무침 120

홍신애가 사랑하는 것들 1 저는 식재료 여행을 참 좋아합니다 121

여름 Summer

여름 정식 1 오분도미 유부초밥 126 오분도미 누룽지 닭백숙 128 오이고추 된장박이 130 해파리냉채 131
여름 정식 2 닭가슴살 불고기 134 검은콩 냉국 136 새우젓 애호박볶음 137
여름 정식 3 성게알 비빔밥 140 두부 김치탕국 141 매콤한 가지볶음 142
여름 정식 4 꽃등심 소금구이와 영양부추무침 146 시금치무침 147 완전 시원한 도토리무국 148
여름 정식 5 흑초 고추장 제육볶음 152 감자채복음 153 오이 미역냉국 154
여름 정식 6 데리야키 오징어 통구이 158 오징어 손질하기 160 매콤한 오징어볶음 161 돼지호박 새우젓 맑은탕 162
　　　　　　　부드러운 진미오징어채무침 163
여름 정식 7 초계탕 166 명란 달걀말이 168 무말랭이무침 169 손으로 두드려 만든 소불고기 170 버섯 소불고기 172

홍신애가 사랑하는 것들 2 시장에 가자 173

가을 Autumn

가을 정식 1 콩비지찌개 178 고추장 육회 180 버섯 메추리알 장조림 181
가을 정식 2 한우 양지머리 사골국 184 매콤 꽃게볶음(칠리크랩) 186 콩나물무침 187
가을 정식 3 꽃게 된장찌개 190 LA갈비 192 부추 간장양념을 곁들인 연두부 193 홈메이드 두부&두유 194
가을 정식 4 간장 새우 198 소고기 뭇국 200 오징어 뭇국 202 호박고지 들깨나물 203 연근조림 204
가을 정식 5 갈치조림 208 버섯 잡채 209 맑은 콩나물국 210
가을 정식 6 멸치 강된장 214 자반고등어구이 216 파래무침 217
가을 정식 7 규동(소고기 덮밥) 220 서울식 파육개장 222 토란대 마늘볶음 224

홍신애가 사랑하는 것들 3 사랑해요, 발효식품 225

겨울 Winter

겨울 정식 1 삼겹살 간장찜 230 매콤한 어묵탕 232 굴무침 233 굴전 234 굴튀김 235 꼬막무침 236
겨울 정식 2 수제 돈가스 240 돈가스 김치냄비 241 유부두부 미소 된장국 242 두부조림 244
  갈릭 매시트포테이토 246
겨울 정식 3 어깨동무 닭볶음탕 250 황태 해장국 252 콩자반 253 배추전 254
겨울 정식 4 명란젓구이 258 시래기 된장국 259 견과류 멸치볶음 260
겨울 정식 5 부대찌개 264 석화 한 접시 266 톳조림 267
겨울 정식 6 시래기 고등어조림 270 매생이 굴국 272 매콤한 어묵볶음 273
겨울 정식 7 매운 고추 닭튀김 276 홍합탕 278 김 장아찌 279 유자 도토리묵무침 280

홍신애가 사랑하는 것들 4 새로운 맛을 알아가는 기쁨 281

PART 4
특별한 날 즐기는 홍신애식 집밥

까치 까치 설날	이북식 호박 만두 284 배추전 254
소원 비는 둥근 대보름	대보름 비빔밥 286
생일상을 더욱 특별하게	수삼 갈비찜 289 애호박 잡채 290 소고기 미역국 66
손님 초대한 날	마늘 새우 우동 샐러드 293 꽃게찜 294

Index 296

Part 1
홍신애식 집밥의 구성과 준비

본격적인 집밥 레시피를 배워보기에 앞서,
홍신애식 집밥의 구성을 전반적으로 살펴볼 거예요.
그다음에는 저만의 계량법과
유용한 기본 양념장과 육수 만드는 법,
제가 주로 사용하는 제품 등을 소개합니다.

홍신애식 집밥의 구성

밥과 국을 중심으로, 만들어 둔 저장 반찬을 꺼내고,
여기에 메인 반찬과 밑반찬 몇 가지만 더하면
금세 맛있는 밥상을 뚝딱 차릴 수 있어요.

1 신선한 오분도미로 만든 맛있는 밥

어떤 쌀을 어떻게 사용하느냐에 따라 밥맛이 완전 달라집니다. 현미에는 우리 식생활의 문제점을 보완해주는 영양소가 가득 들어 있지만 거친 식감 때문에 꺼려하는 분도 있어요. 그래서 저는 현미의 영양을 담고 있으면서도 맛도 놓치지 않은 쌀, 반만 도정한 오분도미를 사용합니다.

저는 좋은 쌀을 맛있게 먹기 위해 가능한 한 매일 아침 직접 도정하는데요. 신선한 쌀로 지은 밥은 별다른 반찬 없이 밥만 먹어도 정말 달고 맛있습니다. 하지만 도정기가 있는 집이 드물 테니 가능하면 갓 도정한 쌀을 조금씩 구입해 드시길 추천합니다.

2 계절 재료로 만든 심심한 국

한국인의 염분 섭취량은 한국영양학회의 권장량보다 두 배가 높다고 해요. 가급적 음식을 짜지 않게 먹는 것이 좋아요. 그래서 저는 국이나 찌개의 간을 세지 않고 심심하게 만드는 편이에요. 짠 음식을 드셨던 분들은 처음에는 심심하게 간한 국이나 찌개가 맛이 없게 느껴질 수도 있지만, 조금만 습관이 들면 간이 조금만 세도 오히려 먹기 힘들어져요. 짠 음식을 먹고 나면 갈증이 나곤 하는데, 바깥 음식을 먹고 나면 그럴 때가 많아요. 건강을 위해서라도 음식은 싱겁고 심심하게 먹는 게 좋은 것 같아요.

3 고기나 생선이 들어가는 메인 반찬

저는 메인 반찬 하나 정도는 단백질이 풍부한 고기나 생선으로 준비합니다. 가족들이 좋아하는 삼겹살이나 소고기를 이용한 육류 요리도 좋고, 제철에 나는 생선을 굽는 것도 좋아요.

4, 5, 6 몇 가지 간단한 밑반찬

한정식처럼 반찬 가짓수를 너무 많이 준비하지 않아도 됩니다. 제철 재료로 만든 몇 가지 밑반찬 정도만 더하면 깔끔하고 소화도 잘되는 집밥을 차릴 수 있어요. 메인 반찬의 맛을 보완하는 간단한 반찬 두세 가지 정도면 충분합니다.

7 미리 만들어 놓는 저장 반찬(김치, 장아찌, 장)

우리가 대대로 먹어온 김치, 장아찌, 장은 냉장 시설이나 사철 재배가 어려운 시절, 제철에 나는 채소를 오래 두고 먹을 요량으로 만들어졌습니다. 하지만 지금은 오히려 발효가 주는 건강함과 특별한 맛 때문에 사랑받고 있어요. 매일같이 밥상을 준비하는 주부들에게 오랫동안 저장해서 먹을 수 있는 저장 반찬은 정말 고마운 존재랍니다.

+ 특별한 날 즐기는 시즌별 시절식

설에는 장수를 기원하며 떡국을 먹고, 대보름엔 오곡밥을 챙깁니다. 여름이면 복날, 여름을 잘 견딜 수 있는 음식을 함께 즐기지요. 식재료가 풍요로운 가을의 추석엔 송편을 빚고 햇과일도 푸짐하게 먹어요. 동지에는 온 가족이 새알을 만들어 팥죽을 먹으며 건강을 기원하지요. 또 가족의 생일에는 미역국을 챙깁니다. 이렇게 특별한 날 즐기는 시절식 또한 집밥에서 빼놓을 수 없는 음식이랍니다.

홍신애식 계량법

자신만의 계량법이나 양을 알고 있으면 요리에 정말 큰 도움이 돼요. 저는 계량스푼이나 계량컵 없이 밥숟가락과 종이컵, 손으로 손쉽게 계량을 합니다. 이 계량법을 사용하면 언제, 어디서나 쉽고 간편하게 요리할 수 있어요.

숟가락 계량

1숟가락은 10~12㎖입니다.
계량스푼 1큰술(15㎖)에 비해 양이 적으므로 수북하게 담아 계량해요.

> 이것만 기억하면 계량 끝.
> 액체류는 찰랑찰랑하게!
> 고체류는 수북하게!
> 장류는 볼록하게!

장류

1숟가락   1/2숟가락   1/3숟가락

액체류

1숟가락   1/2숟가락   1/3숟가락

가루류

1숟가락   1/2숟가락   1/3숟가락

종이컵 계량

1컵(=200ml) 일반 종이컵으로 한가득 담아요.

1/2컵 종이컵의 절반보다 살짝 위까지 담아요.

손 계량

콩나물 1줌(100g) 손으로 자연스럽게 한가득 쥐어요.

호두 1/2줌 손으로 절반 정도 쥐어요.

파래 1줌(150g)

돌미나리 1줌

미역 1줌

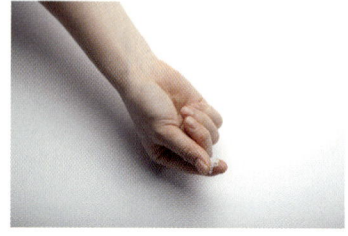

소금 약간 소금, 후춧가루, 깨소금 등을 엄지와 검지로 살짝 집으세요.

기본 재료 분량

다진 마늘 1숟가락(=8쪽)

기본 양념장과 육수 만들기

소개한 양념장과 육수는 비율을 지켜 만들면 됩니다. 양을 좀 더 많이 만들고 싶으면 이 분량에서 재료량을 자유롭게 ×2, ×3, ×4 등으로 비율만 연동해서 양을 늘리세요. 양을 좀 적게 만들고 싶으면 ×1/2, ×1/3, ×1/4 등으로 비율만 연동해서 양을 줄이세요.

만능 양념 간장

불고기나 갈비뿐 아니라 연금조림, 멸치볶음, 두부조림 등 각종 조림과 볶음에 사용하기 좋아요.

재료

간장 2컵, 설탕 1과1/2컵, 청주 3컵, 과일 주스 1과1/2컵, 물 1과1/2컵, 다진 마늘 약간, 다진 생강 1컵, 참기름 1과1/2컵, 후춧가루 약간

1 볼에 간장과 설탕을 넣고 설탕의 알갱이가 녹도록 충분히 저어주세요.

2 참기름을 제외한 나머지 재료를 넣고 잘 섞어요.

3 마지막으로 참기름과 후춧가루를 넣고 섞어요.

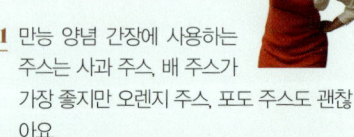

1 만능 양념 간장에 사용하는 주스는 사과 주스, 배 주스가 가장 좋지만 오렌지 주스, 포도 주스도 괜찮아요.

2 양념을 만들 때는 설탕을 가장 먼저 넣어 알갱이를 녹인 다음 오일류를 나중에 넣어요.

만능 양념 된장

된장찌개, 나물 된장무침, 쌈장 등 된장이 들어가는 모든 요리에 사용할 수 있어요. 된장의 구수한 감칠맛을 살려줘요.

재료

된장 18숟가락, 다진 마늘 6숟가락, 중멸치 30마리, 청주 6숟가락, 국간장 3숟가락, 후춧가루 약간

1 중멸치는 분쇄기에 갈아요.

2 볼에 모든 재료를 고루 섞어요.

3 밀폐 용기에 담아 냉장 보관해요.

만능 흑초 고추장

자주 먹는 고추장 삼겹살뿐만 아니라 닭갈비, 떡볶이 등 고추장이 들어가는 모든 요리에 사용할 수 있어요. 현미를 발효한 흑초가 들어가 고추장의 텁텁한 뒷맛이 없고 개운해요.

재료

설탕 8숟가락, 간장 4숟가락, 청주 2숟가락, 고추장 8숟가락, 흑초 2숟가락, 다진 마늘 1숟가락, 참기름 1숟가락, 후춧가루 1숟가락

1 볼에 간장과 설탕을 넣고 설탕의 알갱이가 녹도록 충분히 저어주세요.

2 나머지 재료를 모두 넣고 잘 섞어요.

3 밀폐 용기에 담아 냉장 보관해요.

홍신애의 꿀팁

1 만능 흑초 고추장을 옮겨 담을 때는 처음에는 숟가락으로 퍼서 담다가 마지막에는 깔끔이 주걱을 사용하면 알뜰하게 담을 수 있어요.

2 현미를 발효한 식초인 '흑초'는 집에서 만들기 번거로우니 시판 제품을 사용하는 것도 좋아요. 흑초에 천연 재료를 가미한 다양한 제품들이 출시돼 있어, 건강하면서도 색다른 맛을 즐길 수 있답니다.
만능 흑초 고추장을 만들 때는 흑초의 종류에 상관없이 그냥 집에 있는 것을 사용하면 됩니다.

만능 육수

육수를 만들어 두면 각종 요리에 다양하게 사용할 수 있어요. 만들어서 냉장 보관하고 일주일 안에 사용해야 맛있는 음식을 만들 수 있어요.

국이나 찌개를 끓일 때 준비해 둔 만능 육수가 없으면 급한 대로 멸치 우린 물로 대체해도 되는데요, 물 5컵에 내장을 제거한 멸치 20마리와 다시마(10X10cm) 4장을 찬물에 넣고 15분 정도 끓인 다음 체에 걸러 사용해요.

재료   소고기(양지머리) 100g, 다시마(10X10cm) 1장, 양파 1개, 북어채 1줌, 대파(흰 부분) 1대, 무 1/4개, 청주 1/2컵, 간장 4숟가락, 설탕 1숟가락, 물 3리터(두 번째 우리는 육수는 물 2리터)

1 소고기는 찬물에 20분 정도 담가 핏물을 빼요.

구워서 육수를 만들면 단맛이 훨씬 진하고, 해물의 비린내도 제거돼요.

2 양파, 대파, 무는 포크로 꽂아 가스 불에 겉면을 태우듯 잠시 구워요.

3 냄비에 물, 소고기, 다시마, 북어채, 양파, 대파, 무, 청주를 넣고 20분간 센 불에 끓여요.

4 간장과 설탕을 넣고 10분간 끓인 다음 체에 걸러 국물만 받으면 완성이에요.

5 국물을 따르고 남은 재료에 물 2리터를 붓고 30분간 끓이면 두 번째 육수가 완성돼요. 첫 번째보다 진하지는 않지만 간단한 국물 요리에 요긴하게 쓸 수 있어요.

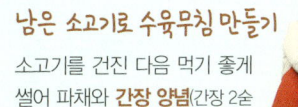

홍신애의 꿀팁

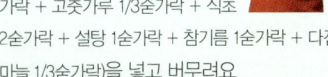

남은 소고기로 수육무침 만들기

소고기를 건진 다음 먹기 좋게 썰어 파채와 **간장 양념**(간장 2숟가락 + 고춧가루 1/3숟가락 + 식초 2숟가락 + 설탕 1숟가락 + 참기름 1숟가락 + 다진 마늘 1/3숟가락)을 넣고 버무려요.

저는 이 제품을 씁니다

어떤 재료를 쓰느냐에 따라 음식 맛이 달라져요. 모든 식재료를 집에서 기르고 간장, 된장도 직접 담글 수 있다면 가장 이상적이겠지만, 도시에서 사는 현대인에게는 현실적으로 쉽지 않아요. 그러니 시중에 판매하는 제품을 잘 고르는 것도 중요하답니다. 제품의 포장지에 있는 식품 성분표를 보고, 다양한 제품을 사용해보면서 좋은 재료를 사용해 건강하고 제대로 만든 제품을 체크해 두세요. 조금만 신경 쓰면 더 맛있고 건강한 요리를 만들 수 있어요. 제가 평소 즐겨 사용하는 몇 가지 재료를 소개할게요.

쌀 홍신애 쌀 오분도미

우리 밥상에서 절대적으로 중요한 쌀인 만큼 아무거나 함부로 구입할 수는 없어요. 쌀의 달고 구수한 풍미와 쫀득한 맛이 일품으로, 식어도 잘 굳지 않아 식사가 끝날 때까지도 맛있게 밥을 먹을 수 있어요. 풍부한 일조량과 청정수, 기름진 옥토를 품어 벼농사를 위한 최적의 조건을 갖춘 청정 지역인 전남 보성에서 재배하고 있어요.

간장 샘표 양조간장 501 & 직접 만든 청장

정말 많은 간장 제품이 있는데, 제조사나 제품에 따라 염도나 맛에서 차이가 많이 나요. 자신의 요리 스타일에 잘 맞는 간장을 선별하는 것이 중요해요. 저는 깊고 풍부한 맛이 좋은 샘표 양조간장 501을 사용해요. 요리에 따라 직접 만든 청장(조선간장)을 섞어서 사용해요.

청주 백화수복

재료의 잡내를 없애고 고기와 해물 요리에 풍미를 더하고, 채소 요리에는 신선함을 주는 소중한 재료예요. 자연 발효한 것을 선호해서 백화수복을 사용해요. 특히 소불고기를 비롯한 고기에 넣으면 알코올 성분이 고기의 잡내는 날려주고 쌀 발효 성분이 고기의 육질을 개선시켜 특유의 풍성한 감칠맛과 단맛을 더해요. 알코올 성분은 끓이면 금세 날아가니 안심하세요!

된장 샘표 된장 & 직접 담근 집된장

저는 주로 시골 집된장과 샘표의 된장을 섞어서 사용해요. 샘표 토굴된장은 토굴에서 숙성해서 다른 된장보다 깊은 맛이 일품이에요. 좋은 재료로 잘 만든 시판 된장으로 일정한 맛을 내는데, 직접 만든 된장 특유의 맛을 더하면 시너지가 나서 맛이 정말 좋아요. 백일 된장과 시골집 토장은 제가 가장 많이 사용하는 된장이랍니다.

기타 양념 증도 새우젓 & 신안 소금 & 까나리액젓

증도는 개발의 손길이 미치지 않은 청정 지역으로 이곳의 식재료를 많이 사용해요. 이곳은 소금이 참 좋은데, 새우젓은 새우를 소금에 절여 숙성시키는 것이기 때문에 좋은 소금을 쓰면 그만큼 맛이 좋아요. 잘 숙성된 새우젓은 감칠맛이 고기 뺨친답니다. 생선을 발효시킨 까나리액젓도 특유의 깊은 맛과 감칠맛을 더해 애용하고 있어요.

흑초 백년동안

현미를 발효시킨 식초인데, 일반적으로 음료로 만들어 먹지만 특유의 산미가 돼지고기의 지방을 분해하고 느끼한 맛을 잡아주는 역할을 해요. 신맛 역시 단백질 구조를 바꿔 촘촘히 만들어주기 때문에 돼지고기 요리에 흑초를 넣으면 쫄깃한 질감으로 고기 맛이 좋아요.

달걀 상하농원 방사유정란

좋은 농장에서 한정으로 소량 생산되는 맛있고 신선한 달걀이에요. 가격이 일반 달걀에 비해 많이 비싸지만 저는 이 달걀만 사용해요. 진하고 노란 노른자와 깨끗한 흰자만 봐도 남다른 생명력이 느껴져요. 반숙으로 달걀 프라이를 해먹으면 정말 맛있어요.

오일 올리타리아 포도씨유

그다지 큰 차이가 없어 보이지만 좋은 기름은 음식의 맛에 많은 영향을 미쳐요. 깔끔하고 담백한 맛 때문에 주로 이 기름만 사용하고 있어요.

고춧가루 시골에서 직접 빻은 고춧가루

지인의 어머니가 직접 키운 고추를 말려 빻은 고춧가루를 사용해요. 확실히 시중에서 파는 제품에 비해 선명하고 밝은 붉은색을 띠며 칼칼하니 맛도 좋아요. 무엇보다 믿고 먹을 수 있어서 좋아요.

홍신애의 쌀 이야기

밥만 맛있어도
밥상이 달라집니다

집안 어르신들이 평양 출신이라 저희 집은 양념을 적게 하고 재료의 맛을 살리는 음식을 좋아했어요. 그래서 제가 음식을 만들면서 가장 중요하게 생각하는 것도 좋은 식재료예요. 제가 오픈한 밥집 '쌀가게 by 홍신애'를 준비할 때도 가장 신경 썼던 것이 '쌀'이었어요. 육안으로는 별 차이가 없는, 그 쌀이 그 쌀 같지만 어떤 쌀을 사용하느냐에 따라 밥맛이 확연히 달라지고 다른 음식의 맛에도 영향을 끼칩니다.

좋은 쌀을 찾기 위해 2012년 말부터 오대, 신동진, 삼광과 같은 토종 품종부터 고시히까리, 아끼바레 같은 일본 품종까지 한국과 일본의 대형마트에서 판매하는 수많은 쌀로 밥을 지어 테스트하고, 밥맛 좋다는 식당을 열심히 찾아다녔어요. 전기압력솥을 다섯 개나 사놓고 여러 종류의 쌀로 밥을 짓고 또 지었어요. 오죽하면 저희 집에 밥솥의 김 빠지는 소리 때문에 이웃에서 찾아올 정도였어요. 밥을 워낙 좋아해서 '밥순이'라고 불리는 제가 밥 먹는 것이 힘들 때까지 밥을 테스트했어요. 이런 과정을 통해 어느 날 마음에 드는 쌀을 찾았습니다.

이 쌀은 전남 보성의 '보성특수농산'이라는 곳에서 재배되어요. 쌀을 생산하는 분들은 대를 이어서 간척지에 건축을 하던 집안이었어요. 그런데 보성의 질 좋은 땅에 매료되어 건축업을 그만두고 쌀농사를 짓게 되었다고 합니다. 이곳에서 재배되는 쌀은 이곳 대표님의 돌아가신 아버지가 일본에서 맛보고 반해서 어렵게 한국에 들여오게 되었는데, 최근까지도 일부 아는 분들에게만 알음알음 판매한다고 해요.

저는 이 쌀을 더 많은 분과 공유하고 싶은 욕심에, 꼬박 1년 동안 모를 심고 자라고 수확하는 과정을 제 눈으로 직접 확인했어요. 이렇게 탄생한 쌀이 바로 '홍신애 쌀'입니다. '홍신애 쌀'은 도정 정도에 따라 현미, 오분도미, 백미 이렇게 세 종류가 있어요. 많은 사람이 밥맛을 칭찬하는 곳 '쌀가게 by 홍신애'에서는 오분도미로 밥을 짓습니다. 오분도미는 맛이 좋은 백미와 영양 많은 현미의 장점을 모두 가지고 있기 때문이에요. 정말 같은 반찬이라도 쌀의 질에 따라 밥맛이 달라지고, 밥만 맛있어도 밥상이 달라집니다.

Part 2
홍신애식 집밥의 기본

이번 파트에서는 저희 집 밥상에 1년 내내
기본으로 올라가는 일상적인 음식을 알려드릴 거예요.
밥 짓는 방법부터 만들어 놓으면 유용한
김치, 장아찌, 청 만드는 법을 소개할게요.

밥부터 제대로 짓기

쌀에 대해 우리가 몰랐던 것들

1 쌀에 단백질과 비타민이 있다?

보통 탄수화물이 전부인 줄 알고 있는 쌀에는 질 좋은 식물성 단백질과 철분, 인, 칼슘, 나트륨 등의 무기질과 비타민 B_2·B_3 등 우리 몸에 필요한 영양소가 고루 함유되어 있어요. '밥이 보약'이라는 말이 생긴 것도 쌀이 다양한 영양소를 함유하고 있기 때문이에요. 한국인의 주요 단백질 섭취원이 달걀도 고기도 아닌 바로 쌀이란 사실! 다만, 쌀의 영양소는 95% 이상이 쌀눈에 들어 있기 때문에 쌀눈이 제거되지 않도록 적당히 도정해서 먹는 것이 좋아요. 이런 이유로 오분도미를 추천해요.

오분도미

2 현미와 백미는 종이 다른 쌀이다?

현미와 백미를 다른 쌀 종류로 알고 있는 사람이 많아요. 하지만 똑같은 쌀을 껍질을 깎은 정도에 따라 현미와 백미로 나뉘는 것이랍니다. 벼의 겉껍질만 벗긴 것이 현미, 껍질을 대부분 깎은 것이 백미입니다. 껍질을 50% 정도를 깎아 현미와 백미의 중간 정도 되는 쌀을 '오분도미'라고 하는데, 현미보다 맛은 좋으면서 백미보다 영양은 풍부해요. 오분도미는 백미에 비해서 칼슘과 인이 2배, 비타민 B_1·B_2와 나이아신은 3~4배, 비타민 E는 10배나 많이 함유되어 있어요.

백미

3 쌀도 상한다?

쌀은 상하지 않을 거라 생각하고 몇 년씩 묵혀 드시는 분도 가끔 있어요. 하지만 쌀도 상합니다. 껍질을 깎은(도정) 순간부터 공기와 닿으면서 영양 성분과 수분 등이 점점 없어지기 시작해서 15일 정도 지나면 맛과 영양이 거의 없어져요. 사과와 비교해 생각하면 쉽게 이해가 됩니다. 사과를 깎은 다음 공기 중에 두면 갈색으로 변하잖아요? 쌀도 그렇게 공기와 닿으면 변하는 거죠. 그래서 쌀은 도정한 즉시 드시는 것이 맛이나 영양적으로 가장 좋고, 그렇지 않으면 밀봉 보관해서 최대한 빨리 먹는 게 좋아요.

basic

맛있는 오분도미
냄비밥 짓기

요즘은 편리를 위해 전기압력솥으로 밥을 짓는 사람이 많지만 '냄비밥'이야말로 맛있는 밥의 기본이에요. 불 조절만 잘하면 생각보다 어렵지 않게 만들 수 있어요. 밥맛이 촉촉하고 부드러우니 꼭 한번 도전해보세요.

재료 오분도미 2컵, 물 2와1/2컵

쌀겨를 잘 제거해야 깨끗하고 맛있는 밥이 돼요. 단, 박박 문지르면 쌀눈이 떨어지니 살살 씻으세요.

1

쌀을 씻을 때 수돗물로 씻고 밥을 안칠 때만 생수를 사용하는 분이 있는데요, 사실 현미는 수분이 닿으면 바로 흡수하는 성질이 있어 쌀을 씻는 첫물이 가장 중요하답니다.

볼에 쌀을 담고 물을 받아 네 손가락으로 살살 저어가며 세 번 정도 씻어요.

차지고 윤기 나는 밥을 짓는 데 불리는 과정은 매우 중요해요. 충분히 불려주세요.

2

물을 충분히 부어 30분 정도 실온에서 불려요.

3

전기밥솥에 불린 쌀을 넣고 불린 쌀 부피의 1.2배 정도의 물을 부어요.

마지막 뜸에 따라 밥이 차지게 되느냐 힘 없이 되느냐가 결정돼요. 보드랍고 차진 밥맛을 위해서 10분만 참아주세요.

4

센 불에 끓이다가 끓기 시작하면 재빨리 약한 불로 줄여 끓여요. 밥 익는 냄새가 나기 시작하면 재빨리 불을 끄고 10분간 뜸을 들인 다음 뚜껑을 열고 바닥까지 모두 주걱으로 뒤집어 퍼서 밥알이 살도록 섞어요.

홍신애의 꿀팁

사실 물을 맞추는 데 가장 편한 것은 '손'이에요. 평평한 바닥에 냄비를 놓고 쌀 위에 손바닥을 대고 손등의 반 정도 오게 물을 넣으면 정답! 햅쌀이 아닌 오래된 쌀은 조금 더 불리고, 불린 쌀 부피의 1.5배 정도의 물을 부어주세요. 하지만 사람마다 입맛이 다르니 선호하는 밥물의 양을 찾아내는 것이 중요해요.

다른 도구로 밥 짓기

주물 냄비
냄비밥보다 물을 조금 더 넣고 불을 조금 일찍 줄여 뜸을 일찍 들이는 게 중요해요. 특히 주물 냄비는 디자인이 예뻐 손님상에 냄비째 내놓으면 그럴듯한 테이블 스타일링이 완성돼요.

압력밥솥
물과 불린 쌀의 비율을 1:1로 맞추세요. 압력밥솥에 밥을 지을 때는 불린 쌀과 물의 양을 동량으로 해야 밥이 질지 않아요. 압력을 가해서 조리가 되므로 다른 조리 도구에 비해 빠르게 밥이 되는 대신 밥이 쉽게 마르는 단점이 있어요.

전기압력솥
요즘은 불 조절을 할 필요가 없어 전기압력솥으로 밥을 짓는 경우가 많아요. 물의 양은 일반 냄비밥과 똑같은 비율로 하세요(불린 쌀:물 = 1:1.2). 꼭 기억하세요. '삐리릭' 소리가 나면서 밥이 다 되었다고 알려도 뚜껑을 바로 열지 말고 2~3분간 뜸을 들여야 맛있는 밥이 완성됩니다.

비상용 즉석밥 만들기

방금 한 새 밥을 1인분씩 지퍼백에 담아 냉동 보관해보세요. 밥이 모자라거나 급하게 밥을 차려야 할 때 유용해요. 한 김 나간 상태일 때 바로 냉동고에 넣으면 어느 정도 급속 냉동이 되어서 그런지 밥맛이 더 좋은 것 같아요. 한 공기씩 담아 냉장고에 수납하기 좋도록 납작하게 모양을 만들어 몇 개씩 상비해 두면 급할 때 마트로 뛰어갈 일이 없답니다.

기본 장 & 김치 &
장아찌 만들기

이번에는 매일 달라지는 요리와 반찬 외에 냉장고에 늘 두고 먹는 장과 김치, 장아찌 만드는 법을 알려드릴게요. 특별한 요리 없이도 이런 저장 반찬만 몇 가지 있어도 밥상이 풍성해진답니다.

basic
두부쌈장

두부 쌈장은 언제부터 먹었는지 기억이 나지 않을 정도로 오래된 우리 집만의 특별한 레시피예요. 매운 것을 잘 먹지 못하는 어린아이부터 쌈장의 염분이 걱정되는 어른들까지 모두 즐길 수 있는 고소하고 맛있는 쌈장이에요. 음식과 곁들여도 좋고, 밥에 반찬과 함께 넣고 비벼 먹어도 맛있어요.

재료   두부 1/2모, 고추장 4숟가락, 다진 마늘 1/2숟가락, 사과 1/4개, 참기름 4숟가락

1 두부는 종이타월로 살짝 눌러 물기를 제거하고 손으로 으깨요.

2 사과는 껍질을 벗기고 강판에 갈아요.

3 으깬 두부에 간 사과와 고추장, 다진 마늘을 넣고 잘 섞은 다음 마지막에 참기름을 넣고 고루 섞으세요.

홍신애의 꿀팁

1 바로 먹어도 맛있지만, 냉장고에서 3일 정도 숙성해서 먹으면 더 맛있어요. 냉장 보관할 때 숙성되면서 표면에 물이 생기는 것은 정상적인 현상이에요. 먹기 직전에 잘 섞으면 한층 촉촉하고 깊은 맛이 난답니다. 보통 한번 만들어서 냉장고에 두고 보름 정도 먹을 수 있어요.

2 어떤 두부를 사용하느냐에 따라 두부 쌈장의 맛이 달라져요. 할아버지는 다소 단단한 손두부를 넣은 두부 쌈장을, 아버지는 물렁물렁한 순두부를 넣은 두부 쌈장을 좋아하셨어요. 전 둘 다 좋아한답니다.

basic
다시마 국물김치

우리 집 김치에는 국물이 찰랑찰랑하게 있어요. 다시마 육수를 내서 만든 다시마 국물김치는 아삭아삭하고 시원한 맛이 일품이에요.

재료 절인 배추 10포기, 무 2개, 갓 1단, 쪽파 4줌(400g),
다시마 육수(다시마 2줌(15g) + 물 5리터),
양념(홍고추 20개 + 다진 마늘 1컵 + 생강 2톨 + 새우젓 3숟가락 + 사과 1개 + 고춧가루 6컵 + 고추씨가루 2숟가락 + 까나리액젓 2숟가락),
찹쌀풀(찹쌀가루 : 물 = 1 : 2) 1컵
(배추 10포기 기준)

1. 물에 다시마를 넣고 끓기 시작하면 20분 지나 불을 끄고 다시마를 건져 내요. 국물을 식히고 소금으로 간해서 **다시마 육수**를 만들어요.

2. 홍고추, 다진 마늘, 생강, 새우젓, 사과를 모두 갈아요.

3. 무는 채 썰고, 쪽파와 갓은 손가락 두 마디 길이로 썰어요.

4. **2**에 고춧가루, 고추씨가루, 까나리액젓을 넣고 불려서 **양념**을 만들어요.

5. 썰어 놓은 무에 **4**의 **양념**을 넣고 버무린 다음 갓과 쪽파를 넣고 버무려요.

찹쌀풀은 찹쌀가루와 물을 1:2 비율로 넣고 저으면서 끓인 다음 한 김 식혀 두세요.

6. 미리 만들어 둔 **찹쌀풀**을 넣고 버무려요.

사진에 보이는 정도로만 소를 바르세요.

7. 절인 배추에 **6**의 소를 꼼꼼하게 채워요.

8. 12시간 정도 실온에서 숙성시킨 다음 **다시마 육수**를 붓고 3일 동안 냉장고에서 숙성시켜요.

홍신애의 꿀팁

포기김치를 담가 다시마 육수를 넣고 숙성시키면 김치가 아삭하고 깊은 맛이 나요. 다시마 육수가 들어간 김치 국물을 이용해 김치말이 국수나 김치말이 밥을 만들어도 맛있어요. 제 요리는 음식을 무척 잘하셨던 할머니의 영향을 많이 받았는데요. 할머니께서는 다시마 국물 대신 새우 삶은 물이나 사골 육수를 넣기도 하셨어요.

basic

양파 김치

배추나 무가 맛이 덜한 여름에는 제철이라 영양과 맛이 좋은 양파를 이용해 김치를 많이 만들어요. 달콤한 양파와 매콤한 양념이 만나 정말 입맛 당기는 김치가 된답니다.

재료 양파 8개, 쪽파 6뿌리,
밀가루풀(밀가루 : 물 = 1 : 1) 2/3컵,
양념(고춧가루 1과1/2컵 + 다진 마늘 3숟가락 + 새우젓 2숟가락 + 양파청 2숟가락)

* 양파청은 양파를 갈아서 설탕에 절였다가 체에 걸러서 만들어요. 매실청으로 대체해도 무관합니다.

1
양파는 먹기 좋게 한입 크기로 썰어요.

2
밀가루와 물을 1:1의 비율로 넣고 끓이다가 끓으면 불을 끄고 한 김 식혀서 **밀가루풀**을 완성해요.

> 양념은 분량의 재료를 넣고 미리 섞어 두세요.

3
밀가루풀 2/3컵에 **양념**을 섞은 다음 썰어 놓은 양파와 손가락 길이로 썬 쪽파를 넣어 버무려요.

4
6시간 실온에서 숙성시킨 다음 냉장고에서 2~3일간 익혀서 먹어요.

홍신애의 꿀팁

양파 김치의 양념으로 양배추 김치 만들기

양배추는 가운데 심을 빼고 먹기 좋은 크기로 썰어 소금물에 30분 정도 절여요. 양파 김치와 같은 양념과 방법으로 양배추 김치도 만들어보세요. 씹는 맛이 좋은 양배추로 만드는 김치 맛이 기대 이상일 거예요.

basic

오이소박이

여름에 만들면 입맛을 돋우는 오이. 수분 함량이 90% 이상이라
오이를 먹는 것만으로도 수분 보충에 큰 도움이 돼요.

재료 오이 6개, 조선부추 1줌, 굵은소금 1/2컵,
절임물(물 3컵 + 소금 3숟가락),
부추 양념(고춧가루 6숟가락 + 다진 마늘 2숟가락 + 사과 간 것 2숟가락 + 까나리액젓 1숟가락 + 소금 약간)

1 오이는 굵은소금으로 문질러 씻은 다음 꼭지를 자르고 열십자로 칼집을 넣어요.

2 **절임물**을 끓여서 오이에 부어 15분 정도 절인 다음 물기를 빼요.

> 뜨거울 때 부어야 아삭한 오이소박이가 됩니다. 오이를 너무 오래 절이면 색이 변하므로 10~15분 정도만 절이세요.

3 조선부추는 잘게 다지듯이 썰어요.

4 **부추 양념**과 조선부추를 고루 섞은 다음 오이에 소를 박아 넣어요.

5 김치통에 꾹꾹 눌러 담아 하루 정도 익혀서 먹어요.

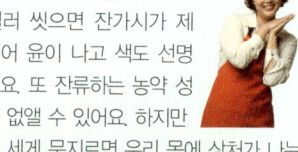

> 홍신애의 꿀팁
>
> 오이를 씻을 때 굵은소금으로 문질러 씻으면 잔가시가 제거되어 윤이 나고 색도 선명해져요. 또 잔류하는 농약 성분을 없앨 수 있어요. 하지만 너무 세게 문지르면 우리 몸에 상처가 나는 것처럼 오이에도 상처가 생기니 살살 문질러 씻으세요.

basic
알배추 겉절이

익은 김치가 없을 때 알속배기로 재빨리 김치를 만들어보세요. 아삭아삭한 겉절이는 익은 김치와는 또 다른 맛으로 식탁을 풍성하게 만들어요.

재료

알속배기 1포기, 대파 1대, 무 1/2개, 양파 1개, 참기름 2숟가락, 꽃소금 1/2컵.
양념(고춧가루 1과1/2컵 + 새우젓 1숟가락 + 다진 마늘 1숟가락 + 다진 생강 1/2숟가락)

1
알속배기는 배추 뿌리 쪽에서 잎 방향으로 4등분해서 흐르는 물에 씻어요. 먹기 좋은 크기로 자르고 꽃소금을 뿌려 30분간 절여요.

2
양파와 대파, 무는 한입 크기로 썰어요.

3
양념 재료를 미리 섞어 두었다가 절인 배추와 양파, 대파, 무를 넣고 버무려요.

4
마지막에 참기름을 두르고 고루 섞어서 마무리해요.

basic

깍두기

집에 깍두기가 떨어지면 왠지 섭섭한 기분이 들어요. 알고 보면 만들기 참 쉬운 김치인데, 만드는 법을 알아 두면 유용하답니다.

재료
무 1/2개, 쪽파 3뿌리, 고춧가루 1/2컵,
양념(다진 마늘 1/2숟가락 + 다진 생강 약간 + 새우젓 1/2 숟가락 + 소금 1숟가락)

1. 무는 흐르는 물에 문질러 씻고 껍질을 벗겨요.

2. 무는 한입 크기로 깍둑썰기하고 쪽파는 손가락 길이로 썰어요.

3. 고춧가루를 넣고 고루 버무려 10분간 두어 색이 배도록 해요.

버무릴 때 신선한 굴을 넣어도 좋아요. 굴을 넣으면 굴섞박지가 되는 거죠! 굴의 감칠맛으로 훨씬 깊고 풍부한 맛이 나요.

4. **양념** 재료를 미리 섞어 두었다가 무를 넣어 고루 섞은 다음 쪽파를 넣어 마무리해요.

basic

하얀 무생채

냉면을 먹거나 삼겹살구이에 곁들이면 좋은 하얀 무생채. 새콤한 맛을 즐길 수 있는 하얀 무생채는 빨간 무생채와는 또 다른 맛이 있어요.

재료 무 1/4개(250g),
양념 (식초 3숟가락 + 설탕 3숟가락 + 소금 1/2숟가락 + 물 3숟가락)

1\. 무는 껍질을 벗겨 곱게 채 썰어요.

2\. 설탕이 잘 녹도록 **양념** 재료를 고루 섞어요.

3\. 무에 섞어 놓은 **양념**을 넣고 버무려 김치통에 담아 1시간 정도 절인 다음 냉장 보관해요.

> 홍신애의 꿀팁
>
> 1 무생채는 시원하게 먹는 맛을 살려야 하기 때문에 절이지 않는 게 좋아요. 오래된 무로 생채를 만들 때는 설탕을 살짝 넣어 단맛을 더하세요.
>
> 2 붉은 무생채를 만들고 싶다면 양념 재료를 바꿔보세요.
> **붉은 무생채 양념** (고춧가루 2숟가락 + 다진 마늘 1/2숟가락 + 다진 파 1숟가락 + 소금 1/2숟가락)

basic
동치미

겨울에는 오돌오돌 떨면서도 시원한 동치미 국물이 생각나곤 해요. 동치미는 만들어 두면 국물 요리 대신 상에 올려도 좋고 국수 등 다양한 음식에 활용할 수 있어요.

재료 무 1/2개, 양파 1개, 홍고추 1개, 풋고추 1개, 배 1/2개, 쪽파 6대, 마늘 10쪽,
절임 양념(소금 1숟가락 + 설탕 1숟가락),
찹쌀풀(찹쌀밥 1숟가락 + 물 2컵),
국물(물 6컵 + **만능 육수** 2컵),
국물 양념(소금 2숟가락 + 매실청 2숟가락)

* 만능 육수 만드는 법은 22쪽을 참고하세요.

1 무는 얄팍하게 썰어서 분량의 **절임 양념**을 넣고 30분 동안 재워요.

2 양파는 반으로 자르고 홍고추와 풋고추는 가위집을 내요.

3 마늘은 꼭지를 떼고 쪽파는 잘 말아 두고 배는 껍질을 벗겨요.

찹쌀풀을 끓일 때는 약불에서 계속 저으면서 끓여요.

4 믹서에 분량의 **찹쌀풀** 재료를 곱게 갈아 냄비에 넣고 끓인 다음 식혀요.

홍신애의 꿀팁

저는 동치미에 설탕을 절대 넣지 않아요. 설탕을 넣고 숙성을 잘 못하면 콧물 같은 질감이 생겨서 실패할 가능성이 커요. 달달한 국물을 원할 때는 배의 양을 두 배로 늘려보세요. 배 대신 사과를 넣어도 좋아요.

5 분량의 **국물** 재료를 섞은 다음 분량의 **국물 양념**을 넣어 녹여요.

실온에서 하룻밤 익힌 다음 냉장고에서 2일 정도 숙성시켜 먹으면 시원하고 맛있어요.

6 녹여 놓은 **국물 양념**에 절인 무와 양파, 홍고추, 풋고추, 마늘, 쪽파, 배를 넣은 다음 끓여서 식혀 놓은 **찹쌀풀**을 넣고 버무려요.

basic

오이피클

한식뿐 아니라 양식에도 잘 어울리는 오이피클은 절임물만 잘 만들면 정말 간단하게 만들 수 있어요. 우리 집 냉장고에는 오이피클이 항상 대기하고 있어요.

재료 오이 4개, 굵은소금 적당량.
절임물(식초 1컵 + 물 1컵 + 설탕 1컵 + 화이트 와인 1/2컵 + 소금 1순가락 + 통후추 1순가락 + 월계수 잎 2장)

1. 오이는 굵은소금으로 문질러 씻고 도톰하게 썰어요.

2. 뜨거운 물로 열탕 소독한 병에 오이를 담아요.

3. 냄비에 **절임물** 재료를 모두 넣고 설탕이 녹을 때까지 저으면서 끓인 다음 불을 꺼요.

2~3시간 지나면 바로 먹을 수 있으며, 오래 두고 먹으려면 오이를 자르지 말고 통으로 담아요.

4. **절임물**이 뜨거울 때 오이에 붓고 누름돌을 올려 마무리해요. 2시간 정도 실온에 두었다가 식으면 냉장 보관해요.

홍신애의 꿀팁

1 병을 열탕 소독하지 않으면 오이피클에 곰팡이가 생길 수도 있어요. 절임물을 끓여서 붓기 때문에 곰팡이가 쉽게 생기지는 않지만 오래 두고 먹으려면 병을 소독하는 게 좋아요.

2 매콤한 맛을 좋아하면 절임물을 끓일 때 마른 고추를 넣으세요.

basic

고추 장아찌

김치처럼 밑반찬으로 먹어도 좋고, 밥을 비벼 먹을 때 넣어도 맛있는 고추 장아찌. 매콤한 맛이 입맛을 살려주는 장아찌의 대표 선수예요.

재료 풋고추 8개, 홍고추 3개, 마늘 10쪽, 통후추 1줌,
양념(간장 1컵 + 설탕 1컵 + 식초 1컵 + 물 1/2컵)

1

풋고추와 홍고추는 꼭지를 떼고 씻어서 2cm 길이로 썰어요.

2

냄비에 **양념** 재료를 모두 넣고 끓이다 부르르 끓어오르면 불을 꺼요.

3

밀폐용기에 풋고추와 홍고추, 마늘, 통후추를 넣고 **2**가 뜨거울 때 부어 누름돌을 올려 마무리해요.

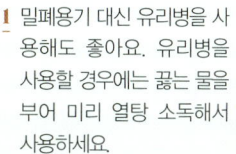 

홍신애의 꿀팁

1 밀폐용기 대신 유리병을 사용해도 좋아요. 유리병을 사용할 경우에는 끓는 물을 부어 미리 열탕 소독해서 사용하세요.

2 오랫동안 삭혀서 먹을 때는 고추를 자르지 말고 통으로 만드세요. 바늘로 고추를 5~6군데 찌르면 간이 속까지 잘 배요. 양파나 파슬리 등 다른 채소를 넣어도 좋은데 양파를 넣으면 양파의 단맛과 고추의 매콤한 맛이 어우러져 맛있어요.

basic

무 된장 장아찌

된장 양념에 무를 오랫동안 박아 두면 보석 같은 무장아찌가 만들어져요. 김이 모락모락 나는 밥 위에 올려 먹으면 꿀맛이 따로 없어요.

재료 무 2개, 꽃소금 2줌,
된장 양념(미소(일본 된장) 1/2컵 + 된장 1/2컵 + 설탕 1/2컵 + 물 1/2컵 + 간장 약간 + 다진 마늘 1숟가락)

1 무는 껍질을 벗기고 얄팍하게 썰어 꽃소금을 뿌려 8시간 동안 절여요.

2 냄비에 **된장 양념** 재료를 모두 넣고 약한 불에서 저어가며 끓여요.

3 끓인 된장을 식히고 절인 무는 물기를 짜요.

실온에서 하루 정도 숙성시킨 다음 냉장 보관하세요.

4 무에 끓여 놓은 **된장 양념**을 넣고 고루 버무려요.

홍신애의 꿀팁

1 무는 오래 절여서 반으로 접었을 때도 휘기만 하고 부러지지 않아야 맛있는 장아찌가 만들어져요. 너무 짠맛이 싫다면 절인 무를 흐르는 물에 씻어 물기를 완전히 제거하고 반나절 정도 꾸덕꾸덕 말린 다음 장아찌를 담그세요.
2 장아찌는 밀폐용기에 담아 냉장 보관하면 오래도록 먹을 수 있어요. 오히려 숙성될수록 맛이 좋아지지요. 하지만 곰팡이가 핀 것은 부패한 것이니 버려야 합니다.

basic
과일청

저는 계절별로 나오는 신선한 과일로 청을 담가 둬요. 숙성시킨 청은 차나 에이드같이 음료로 만들어 먹는 것은 물론이고, 설탕이나 꿀 대신 양념으로 사용하면 단맛뿐 아니라 과일 특유의 향과 영양까지 챙길 수 있어서 참 좋아요.

매실청을 담고 남은 매실 건더기로 매실주를 담가 보세요. 걸러낸 매실 건더기에 소주를 부어 6개월 정도 숙성시키면 향이 좋은 매실주가 손쉽게 완성된답니다.

매실청 오미자청 석류청 모과청

매실청

엄마가 소화제라며 물에 타주곤 하셨던 매실청. 탄산수나 생수를 넣고 음료로 즐겨도 좋고 해산물 요리에도 참 잘 어울려요.

재료

매실 1kg,
설탕 1kg

1. 매실은 깨끗이 씻어 꼭지를 떼고 마른행주로 닦아 물기를 제거해요.
2. 열탕 소독한 유리병에 매실과 설탕을 층층이 담아요.
3. 맨 윗부분을 설탕으로 덮고 뚜껑을 닫아 설탕이 완전히 녹을 때까지 한 달 동안 숙성시키는데, 중간 중간 잘 저어주세요.
4. 3개월 후 체에 밭쳐 청만 걸러내요.

오미자청

다섯 가지 맛을 내는 오미자는 건강한 식재료일 뿐 아니라 약재로도 사용되는데 오미자가 발효되면 건강에 이로운 성분이 더 많아져요. 음식의 색을 낼 때도 유용해요.

재료

오미자 1kg,
설탕 1kg

1. 오미자는 줄기째 잘 씻어서 햇빛에 반나절 정도 말려요.
2. 오미자와 설탕을 1:1 비율로 넣고 버무려요.
3. 3개월 뒤 건더기를 거르고 다시 3개월 더 숙성시켜요.

석류청

빨간 색깔이 고운 석류청은 음료뿐 아니라 음식의 색깔을 내는 데 정말 좋아요.

재료

석류알 1kg,
설탕 1kg

1. 석류는 통째로 두드린 다음 칼로 잘라 알만 까고 흰 속살을 완전히 제거해요.
2. 병에 석류알과 설탕 2/3를 버무려 담고, 나머지 설탕으로 덮어요.
3. 3달 정도 숙성시켜요.

모과청

가을이 되면 여기저기서 향긋한 모과 향이 참 좋아요. 모과청은 진한 향 때문에 따뜻하게 차로 마시면 정말 좋아요.

재료

노란 모과 1kg,
설탕 1.2kg

1. 모과는 잘 씻어서 4등분한 다음 씨를 빼고 얇게 채 썰어요.
2. 1에 설탕의 2/3를 넣고 버무려 병에 담고, 나머지 설탕으로 덮어요.
3. 1년 정도 숙성시켜 물을 넣고 3분간 끓여서 차로 즐겨요.

Part 3
매일 즐기는 홍신애식 집밥

이번 파트에서는 국 따로, 밥 따로, 반찬 따로
메뉴 구성을 고민할 필요 없이 그대로 따라 만들면 되는,
건강한 '제철 한상 차림'을 소개할 거예요.
제가 제안하는 정식들을 그대로 구성해도 좋지만
단품 레시피들을 참고해서 나만의 정식을 구성해보는 것도 좋아요.

Spring

봄

봄
정식  spring table 1

참나물무침

소고기 미역국

간장 돼지 불고기

씀바귀 고추장무침

spring table

간장 돼지 불고기

돼지고기는 보통 고추장 양념을 자주 하잖아요. 오늘은 특별히 간장을 기본으로 하는 양념을 넣었어요. 쌈채소와 함께 내면 다른 반찬이 필요 없을 만큼 포만감을 느낄 수 있는 근사한 상차림이 완성되어요.

재료 돼지고기(앞다리살 또는 목살) 500g, 포도씨유 적당량, 양파 1/2개, 꽈리고추 5개, **불고기 양념장**(간장 2숟가락 + 설탕 2숟가락 + 청주 1숟가락 + 다진 마늘 1/2숟가락 + 흑후춧가루 1/2숟가락 + 참기름 1숟가락)

1. 돼지고기는 다지듯 칼등으로 두드리거나 칼날로 살짝씩 눌러요.

양념장을 만들 때 참기름은 항상 마지막에 넣어요.

2. 설탕, 간장, 흑후춧가루, 청주, 다진 마늘 순으로 섞고, 맨 마지막에 참기름을 넣어 **불고기 양념장**을 만들어요.

3. 잘 두드린 돼지고기에 만들어 놓은 **불고기 양념장**을 넣고 1시간 이상 재워요.

4. 달군 팬에 포도씨유를 두르고 재워 놓은 돼지고기와 먹기 좋은 크기로 썬 양파와 꽈리고추를 넣고 센 불에서 볶아요.

홍신애의 꿀팁

왜 고기 양념이 쏙쏙 안 밸까 고민하는 분이 많아요. 의외로 답은 간단해요. 제 주방에서는 통통거리는 칼질 소리가 멈추지 않아요. 불고기감을 잘 두드리면 고기가 연해지고 지방질이 골고루 퍼져 양념을 조금만 해도 간이 잘 배고 식감도 부드러워져요.

spring table

소고기 미역국

소중한 사람을 위해 끓이게 되는 미역국. 미역국은 끓여서 하루 지난 다음 날 먹으면 더 맛있고 고소해요. 미역국을 끓여서 그날 먹어야 한다면 약한 불에서 조금 오래 끓인다는 느낌으로 만들어 보세요.

재료 마른미역 1/2줌(4g), 소고기(양지머리) 150g, **만능 육수** 4컵, 참기름 2숟가락, 소금 약간, 후춧가루 약간,
고기 양념(청주 1숟가락 + 소금 약간 + 후춧가루 약간),
국 양념(국간장 1숟가락 + 다진 마늘 1/2숟가락 + 소금 약간 + 후춧가루 약간)
* 만능 육수는 22쪽 참고, 없을 때는 멸치 우린 물로 대체해도 됩니다.

1 마른미역은 찬물에 30분간 불려 박박 문질러 씻은 다음 물기를 꼭 짜서 잘게 잘라요.

2 소고기는 한입 크기로 썰어 분량의 **고기 양념**을 넣고 조물조물 버무려요.

3 달군 냄비에 참기름을 두르고 양념한 소고기와 잘라 놓은 미역을 넣어 1분간 센 불로 볶아요.

미역국은 오래 끓일수록 맛있어요. 시간이 넉넉하면 약한 불에서 뭉근하게 끓여주세요.

4 만능 육수를 넣고 15분 정도 중간 불에서 끓인 다음 미리 섞어 둔 **국 양념**을 넣고 약한 불에서 5분 이상 더 끓여요.

레시피 하나 더

전골 냄비에 미역국을 끓인 다음 조랭이떡 1컵과 **유장 양념**(간장 1숟가락 + 참기름 1숟가락)을 넣고, 맨 마지막에 들깨가루 1숟가락을 넣어보세요. 한층 더 고소하고 부드러운 전골 요리가 된답니다.

참나물무침

참나물은 '진정한 나물'을 뜻해요. 참나물 자체로도 맛과 향이 뛰어나기 때문에 진한 양념보다는 간단한 간장 양념으로 무쳐보세요. 참나물이 주는 봄의 생명력을 한껏 느낄 수 있어요.

재료

참나물 1줌(약 80g), 소금 1숟가락, 통깨 약간,
무침 양념(국간장 2숟가락 + 설탕 약간 + 다진 마늘 1/3숟가락 + 참기름 1숟가락)

1. 참나물은 씻어 물기를 뺀 다음 먹기 좋은 크기로 잘라요.

2. 팔팔 끓는 물에 소금을 넣고 먼저 참나물을 줄기부터 넣어 20초쯤 데쳐요.

3. 데친 참나물을 찬물에 헹궈 물기를 꼭 짜요.

4. 참나물에 분량의 **무침 양념**을 넣고 조물조물 무친 다음 통깨를 뿌려요.

씀바귀 고추장무침

입안 가득 봄내음을 물씬 느끼게 하는 데 씀바귀가 빠질 수 없어요. 이름처럼 쌉싸래한 맛이 나서 씀바귀라고 한다지요. 씀바귀는 고추장으로 양념하면 더욱 맛있게 먹을 수 있어요.

재료

씀바귀 200g, 사과 1/4개, 소금 약간, 통깨 약간, **무침 양념**(고추장 2순가락 + 사과 주스 1순가락 + 고춧가루 1순가락 + 설탕 2순가락 + 물엿 1/2순가락 + 다진 마늘 1/3순가락 + 청주 1순가락 + 간장 1/2순가락 + 참기름 1순가락)

1 씀바귀는 소금으로 비벼 씻은 다음 찬물에 1~2시간 정도 담가요.

2 사과는 채 썰고, 씀바귀는 적당한 길이로 썰어요.

3 분량의 재료를 섞어 **무침 양념**을 만들어요.

4 볼에 씀바귀와 사과, 섞어 둔 **무침 양념**을 넣어 버무리고 마지막에 통깨를 뿌려요.

달래 두부 된장국

매콤한 가자미찜

보리새우 마늘종볶음

봄 정식

spring table 2

spring table

매콤한 가자미찜

우리가 어렸을 때는 고기보다 생선을 자주 먹었던 것 같아요. 그 중 가자미는 밥상 위에 올라오는 단골 생선이었어요. 담백하게 기름에 지져도 맛있지만, 매콤한 양념으로 만든 찜은 봄철 입맛을 돌게 하지요.

재료 가자미(15cm 내외) 3마리, 양파 2개, 무 1/8개, 당근 1/4개, 소금 약간, 청주 1컵, **만능 육수** 4컵, 쑥갓 1줌.

찜 양념 (고춧가루 3숟가락 + 고추장 2숟가락 + 간장 2숟가락 + 설탕 1숟가락 + 다진 마늘 1/2 숟가락 + 청주 1숟가락 + 매실청 1숟가락 + 후춧가루 약간 + 참기름 2방울)

*만능 육수는 22쪽 참고, 없을 때는 멸치 우린 물로 대체해도 됩니다.

가자미는 머리를 자르고 흐르는 물에 씻은 다음 키친타월로 물기를 제거하고 소금을 살짝 뿌려요.

무와 당근, 양파는 큼직하게 썰어요.

분량의 재료를 섞어 **찜 양념**을 만들어요.

오래 익혀야 하는 채소부터 먼저 넣는 거예요.

냄비에 만능 육수 4컵을 붓고 끓어오르면 무와 당근, **찜 양념**을 넣어요.

국물이 끓으면 가자미와 양파를 넣은 다음 청주 1컵을 붓고 끓이다가 불을 끄고 마지막에 쑥갓을 넣어요.

홍신애의 꿀팁

쑥갓을 비롯한 미나리, 깻잎, 참나물 등의 채소는 요리의 향을 돋워줘서 향채소라고도 해요. 특히 생선 요리에서는 비린내를 잡아주지요. 그중 쑥갓은 값도 저렴하고 쉽게 구할 수 있어요. 자율신경을 자극하고 장운동을 활발하게 해서 변비에도 좋을 뿐 아니라 면역력을 강화하고, 빈혈을 개선하는 효과도 있어요. 단, 쑥갓의 향과 효능을 제대로 얻기 위해서는 찌개나 찜이 완성된 다음 불에서 내리기 직전에 올려야 해요.

달래 두부 된장국

달래의 쌉싸름한 맛이 된장과 잘 어울려서 된장국을 끓이는 데 자신이 없는 분도 쉽게 만들 수 있어요. 달래를 넣기만 해도 국물이 깊고 시원해진답니다.

재료

두부 1/4모, 달래 1줌(100g), 양파 1/4개, **만능 육수** 4컵, **된장 양념**(된장 2숟가락 + 청주 1숟가락 + 간장 1숟가락 + 다진 마늘 1/3숟가락)

* 만능 육수는 22쪽 참고, 없을 때는 멸치 우린 물로 대체해도 됩니다.

달래는 한 뿌리씩 흔들어 씻어 흙을 말끔히 씻어낸 다음 머리의 껍질을 떼어내세요.

1 달래는 머리의 껍질 등을 꼼꼼하게 씻어 2cm 길이로 썰고 양파는 얇게 채 썰어요.

2 분량의 재료를 섞어 **된장 양념**을 만들어요.

3 냄비에 만능 육수를 붓고 끓기 시작하면 섞어 둔 **된장 양념**을 체에 받쳐 넣고 잘 풀어요.

된장은 너무 오래 끓이지 않는 것이 더 맛있어요.

4 **된장 양념**을 푼 국물이 끓어오르면 달래와 두부, 양파를 넣고 1~2분간 끓여요.

레시피 하나 더

보리새우 시금치 된장국

비타민이 풍부한 시금치와 단백질이 풍부한 된장이 만나면 영양적으로 찰떡궁합이에요. 시금치는 초록의 빛깔과 달리 단맛이 강한 채소라 된장국에 넣으면 달착지근한 맛을 내요.

재료

된장 양념 1숟가락, **만능 육수**(또는 멸치 국물) 3컵, 시금치 1줌, 보리새우 1숟가락, 다진 마늘 1/3숟가락

* 된장 양념은 74쪽 레시피를 참고하세요.
* 만능 육수는 22쪽 참고, 없을 때는 멸치 우린 물로 대체해도 됩니다.

1. 시금치는 뿌리를 자르고 손질해서 씻어요.

2. 만능 육수에 **된장 양념**을 넣고 잘 풀어서 불에 올려 끓여요.

3. **된장 양념**을 넣은 국물에 보리새우를 넣고 1~2분간 끓이면 더욱 시원하고 진한 맛이 나요.

4. 시금치와 다진 마늘을 넣고 1분간 끓여요.

spring table

보리새우 마늘종볶음

대표적인 조절 영양소인 비타민B_1이 풍부한 마늘종은 매운맛이 강하지만, 살짝 익히면 달짝지근한 맛으로 변해요. 마늘종에 바삭바삭한 보리새우를 넣고 볶으면 색감도 예쁘고 맛도 좋아요.

재료   보리새우 1컵, 마늘 2쪽, 마늘종 1/3단, 청주 1/3숟가락, 간장 1숟가락, 설탕 1숟가락, 포도씨유 1숟가락

마늘은 편으로 썰고 마늘종은 손가락 두 마디 길이로 썰어요.

보리새우는 잡티를 고른 뒤 마른 팬에 살짝 볶아 따로 둬요.

달군 팬에 포도씨유를 두르고 편으로 썬 마늘을 볶아 향을 내요.

같은 팬에 보리새우를 넣고 볶다가 청주를 둘러 잡내를 없애요.

설탕, 간장 순으로 넣고 볶다가 마늘종을 넣고 한번 더 볶아요.

꿀 마늘소스 전복구이

봄동 된장무침

모둠 조개탕　돌미나리무침

봄정식　spring table 3

spring table

꿀 마늘소스 전복구이

가족들에게 응원의 메시지로 보신 요리를 해주고 싶지만, 요리할 시간이 여의치 않을 때 주로 만드는 음식이에요. 전복만 잘 손질하고 소스만 만들면 맛은 물로 눈까지 즐거운 근사한 요리가 만들어져요.

재료 전복 4개, 청주 2숟가락, 쪽파 약간, 포도씨유 2숟가락, 소금 약간, 후춧가루 약간,
마늘 소스(다진 마늘 2숟가락 + 버터 2숟가락 + 후춧가루 약간 + 간장 1숟가락 + 꿀 1숟가락)

전복을 손질하는 방법은 아래 팁을 참고하세요.

1. 전복은 잘 씻어서 껍데기는 솔로 문질로 닦고 살은 칼집을 넣어요.

2. 분량의 재료를 섞어 **마늘 소스**를 만들어요.

3. 달군 팬에 포도씨유를 두르고 전복 살을 넣고 소금과 후춧가루를 넣은 다음, 청주를 뿌리면서 재빨리 겉만 익혀요.

4. 만들어 놓은 **마늘 소스**를 뿌리고 30초 뒤 불을 꺼요. 접시에 담을 때 송송 썬 쪽파를 얹어 내요.

전복 내장은 살과 불리해 두었다가 불린 쌀과 함께 죽을 끓이면 좋아요.

전복 손질하기

홍신애의 꿀팁

1. 전복을 솔로 문질러 물때를 제거해요.

2. 숟가락이나 칼을 넣어 살, 내장, 껍데기를 모두 분리해요.

3. 입 부분을 칼로 잘라요.

spring table

모둠 조개탕

여러 가지 조개를 넣고 끓인 조개탕은 시원한 국물 맛이 일품이에요. 조개탕은 조개를 해감만 잘하면 끓이기도 간단해서 우리 집 식탁에 자주 오르는 단골 메뉴예요.

재료 모시조개 1줌(10~15개), 바지락 1줌(15~20개), 국물용 멸치 2마리, 물 4컵, 대파 1/4대, 청양고추 1/2개, 다진 마늘 1숟가락, 소금 약간

*물 대신 만능 육수나 멸치 우린 물을 사용하면 더 깊은 맛이 나요(22쪽 참고).

조개는 박박 문질러 씻은 뒤 찬물에 30분 정도 담가 해감해요.

대파와 청양고추는 송송 썰어요.

물에 국물용 멸치를 넣어 2~3분간 끓인 다음 조개를 모두 넣어 뚜껑을 덮고 1분간 끓여요.

조개가 입을 벌리면 소금과 다진 마늘, 대파, 청양고추를 넣어 마무리해요.

모시조개와 바지락의 해감

맑고 깔끔한 국물 맛을 내는 모시조개는 동그랗고 회색빛이 나며 맹물에 담가 해감해요. 진한 육수를 낼 때 사용하는 바지락은 모시조개보다 크기가 약간 작은데, 연한 소금물에 담가 해감해요. 갯벌의 깊숙한 곳에 사는 바지락은 어둡게 해줘야 이물질을 쉽게 뱉어내므로 해감할 때 신문지로 덮어 두세요. 하지만 가장 중요한 것은 조개를 박박 비벼서 씻는 거예요. 그래야 속에 있는 모래까지 빼낼 수 있어요.

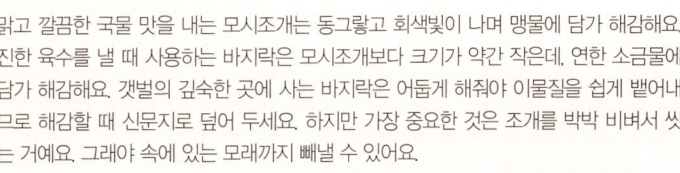

spring table

얼큰한 재첩국

크기가 작아서 음식에 들어가면 과연 어떤 맛을 낼지 궁금한 재첩. 작은 고추가 맵다고 재첩은 어떤 조개와 비교해도 손색없는 맛과 영양을 자랑한답니다. 재첩 많이 드시고 건강도 챙기세요.

재료　재첩 2컵(300g), 국물용 멸치 2마리, 물 4컵, 조선부추 50g, 청양고추(또는 페퍼론치니) 5개, 청주 1/2숟가락, 소금 약간

*물 대신 만능 육수나 멸치 우린 물을 사용하면 더 깊은 맛이 나요(22쪽 참고).

페퍼론치니는 이탈리아의 매운 고추예요. 개운하게 매우면서 단맛이 나서 제가 자주 사용하는 식재료예요. 구하기 어려우면 청양고추로 대체해도 좋아요.

1　재첩은 손으로 비벼 씻은 다음 물에 담가 해감하고 대파와 청양고추는 송송 썰어요.

2　물에 국물용 멸치를 넣어 2~3분간 끓인 다음 재첩과 청주를 넣어 뚜껑을 덮고 1~2분간 끓여요.

3　재첩이 입을 벌리면 굵은 체에 내려 재첩살만 걸러내고, 국물은 면포에 걸러요.

4　그릇에 재첩 국물과 재첩을 담고 손가락 두 마디 길이로 썬 조선부추와 송송 썬 대파와 청양고추를 올리고 소금으로 간을 맞춰요.

봄동 된장무침

봄동은 추위가 가시지 않은 초봄에 나오는 배추를 말해요. 가끔 봄이 아닌 여름에도 봄동 된장무침이 생각날 때가 있어요. 이럴 때를 대비해 데친 봄동을 한 번 먹을 분량만큼씩 비닐백에 담아 냉동 보관하면 좋답니다.

재료

봄동 1단, 소금 약간, 홍고추 1개, 통깨 약간,
무침 양념(된장 2숟가락 + 다진 마늘 1/3숟가락 + 고춧가루 1/6숟가락 + 국간장 1숟가락 + 참기름 1숟가락)

1
봄동은 지저분한 잎을 떼고 잘 씻어요. 끓는 물에 소금을 넣고 봄동을 재빨리 데쳐 찬물에 담가 식혀요.

2
봄동의 물기를 꼭 짜서 한입 크기로 찢어요.

3
홍고추는 씨를 발라내고 가늘게 채 썰어요.

4
데친 봄동에 홍고추와 **무침 양념**을 넣고 고루 버무리고 마지막에 통깨를 뿌려요.

무침 양념은 분량의 재료를 넣고 미리 섞어 두세요.

레시피 하나 더

돌미나리무침

밭에서 자라는 야생 미나리를 뜻하는 돌미나리는 일반 미나리에 비해 향이 진해서 생으로 먹으면 잃었던 입맛이 확 살아나요. 봄에 나는 미나리는 줄기 속이 꽉 차 있어 씹는 맛이 일품이에요.

재료
돌미나리 1줌, 검은깨 약간.
무침 양념(고춧가루 2순가락 + 간장 1순가락 + 설탕 1순가락 + 까나리액젓 1순가락 + 다진 마늘 1/2순가락 + 참기름 1/3순가락)

1
돌미나리는 찬물에 여러 번 헹궈 깨끗이 씻어요.

2
돌미나리의 잎은 한입 크기로 떼고, 줄기는 짧게 썰어요.

3
분량의 재료를 섞어 **무침 양념**을 만들어요.

4
돌미나리에 **무침 양념**을 넣고 살살 버무린 다음 검은깨를 뿌려 마무리해요.

달래전

고추장찌개

봄 정식

spring table 4

까나리액젓 양념 돼지 불고기

spring table

까나리액젓
양념 돼지 불고기

'돼지 불고기에 웬 까나리액젓?' 하고 의아해하는 분도 있을 텐데, 막상 맛을 보면 절로 고개가 끄덕여져요. 저는 요리할 때 깊은 맛을 내는 까나리액젓을 자주 사용하는데, 그 매력에 흠뻑 빠져볼까요.

재료 돼지고기(앞다리살) 500g, 포도씨유 적당량, 양파 1/2개, 꽈리고추 5개,
까나리액젓 양념(간장 1숟가락 + 까나리액젓 1숟가락 + 설탕 2숟가락 + 청주 1숟가락 + 다진 마늘 1/2숟가락 + 흑후춧가루 1/2숟가락 + 참기름 1숟가락)

> 돼지고기는 앞다리살 대신 삼겹살이나 목살을 사용해도 좋아요.

돼지고기는 다지듯이 칼등으로 두드리거나 칼날로 힘을 빼고 살짝씩 눌러요.

> 양념을 만들 때 참기름은 항상 마지막에 넣어요.

설탕, 간장, 까나리액젓, 흑후춧가루, 청주, 다진 마늘 순으로 섞고, 참기름을 마지막에 넣어 **까나리액젓 양념**을 만들어요.

잘 두드린 돼지고기에 섞어 둔 **까나리액젓 양념**을 넣고 버무려 1시간 이상 재워요.

달군 팬에 포도씨유를 두르고 양념한 돼지고기와 먹기 좋은 크기로 썬 양파와 꽈리고추를 넣고 재빨리 볶아요.

홍신애의 꿀팁

1 까나리액젓은 멸치와 비슷하게 생긴 까나리라는 생선을 발효시킨 것으로 돼지고기 양념에 넣으면 기름기도 사라지고 특유의 깊은 맛과 감칠맛을 더해요. 또 발효 성분이 소화도 도와준다니 애정할 수밖에 없는 양념이에요. 혹시 요리에 넣으면 특유의 냄새가 나지 않을까 걱정하는 분도 있지만, 그런 걱정은 안 해도 됩니다.

2 저는 개인적으로 돼지고기를 좋아해서 어느 부위나 다 맛있다고 생각해요. 하지만 부위에 따라 맛과 특성이 다르니 알아 두면 유용해요. 앞다리살은 쫄깃쫄깃한 식감이 좋은 부위예요. 운동량이 많은 뒷다리살은 질기며 씹는 맛이 좋아 장조림에 많이 쓰여요. 삼겹살은 한국인이 가장 좋아하는 부위로 기름이 많아서 감칠맛이 풍부해요. 구워 먹으면 가장 맛있지만 저는 찜 요리에도 자주 이용해요. 삼겹살 간장찜 요리는 230쪽에 있으니 꼭 만들어보세요! 이에 반해 등심은 지방 함유량이 가장 낮아 다이어트를 하는 사람에게 좋고, 목살은 지방과 살코기 비율이 적당해요.

spring table

고추장찌개

제가 끓인 고추장찌개를 먹어본 분들이 구수하면서도 칼칼한 맛의 비법을 많이 물어보세요. 양념에 된장을 넣으면 찌개 맛이 구수해지고 감칠맛이 살아나요. 고추장과 된장을 5:1의 비율로 넣는 것을 반드시 기억하세요!

재료 양파 1개, 애호박 1/4개, 양배추 2~3장, 풋고추 1개, 홍고추 1개, 쪽파 2뿌리, **만능 육수** 750ml, 포도씨유 적당량.
찌개 양념(고추장 3숟가락 + 고춧가루 2숟가락 + 된장 1/2숟가락 + 청주 2숟가락 + 국간장 2숟가락 + 다진 마늘 1숟가락)

*만능 육수는 22쪽 참고, 없을 때는 멸치 우린 물로 대체해도 됩니다.

1

양배추는 큼직하게 썰고 양파와 애호박은 한입 크기로 썰어요.

2

쪽파는 손가락 두 마디 정도로 썰고, 고추와 홍고추는 둥근 모양을 살려 썰어요.

3

찌개 양념은 분량의 재료를 넣고 미리 섞어 두세요.

달군 팬에 포도씨유를 두르고 센 불에서 양파와 애호박, 양배추, **찌개 양념** 3큰술을 넣고 살짝 볶아요.

4

만능 육수를 넣어 끓이다가 풋고추와 홍고추, 쪽파를 넣어요.

홍신애의 꿀팁

양념한 고기를 한 끼에 다 먹지 못하고 자투리 고기가 남을 때가 있어요. 그럴 경우 고추장찌개를 끓일 때 넣으세요. 이미 양념된 고기라서 감칠맛이 좋은 것은 물론, 찌개 맛도 살아나요.

spring table

달래전

전을 부치면 왠지 잔칫집 같은 분위기가 나지요. 봄내음 가득한 달래로 맛있는 전을 부쳐보세요. 순식간에 식탁 위가 풍성해지는 경험을 할 거예요.

재료 달래 1줌(80g), 양파 1/4개, 포도씨유 1숟가락,
반죽(밀가루 1컵 + 우유 1/2컵 + 물 1/2컵 + 달걀 1개 + 소금 약간 + 참기름 약간),
초간장(간장 2숟가락 + 식초 2숟가락 + 다진 달래 1숟가락)

1. 달래는 머리의 껍질을 잘 씻어 손가락 두 마디 길이로 썰고 양파는 얇게 채 썰어요.

2. 밀가루에 물과 우유를 넣어 잘 푼 다음 달걀을 넣어 섞고 소금과 참기름으로 간해서 **반죽**을 만들어요.

3. **반죽**에 달래와 양파를 넣고 섞어요.

초간장은 분량의 재료를 넣어 미리 섞어 두세요.

4. 달군 팬에 포도씨유를 두르고 반죽을 손바닥만 한 크기로 넣고 앞뒤로 노릇하게 지져요. **초간장**을 함께 곁들여 내요.

홍신애의 꿀팁

1. 저는 전을 부칠 때 항상 우유를 넣어요. 반죽에 우유를 넣으면 우유의 지방 때문에 반죽이 고소하고 쫄깃하게 부쳐진답니다. 반죽의 농도를 맞출 때도 먼저 밀가루와 물을 1 : 1로 만들고 나서 달걀과 우유로 맞추면 반죽이 싱겁지 않아요.

2. 달래 대신 밭에서 나는 자양강장제라는 별명이 있을 만큼 몸에 좋은 부추로도 전을 부쳐보세요. 몸에 좋은 부추를 맛있게 먹을 수 있는 좋은 방법이에요.

도라지 오이생채

얼큰한 순두부찌개

마늘 떡갈비

봄
정식

spring table
5

spring table

마늘 떡갈비

군산에 갈 일이 있어 떡갈비가 유명하다는 식당을 찾아갔는데, 오후 3시에도 길게 줄을 섰더라고요. 하염없이 기다리는데 다 떨어졌다며 가라는데 발길이 떨어지지 않더라고요. 다음 날 바로 집에서 저만의 떡갈비를 만들어보았지요.
요즘도 그날을 생각하며 가끔 떡갈비를 만들곤 하는데요, 제 레시피가 더 맛있을 것이라는 자신감으로 저의 특제 레시피를 공개합니다.

재료 돼지고기 간 것 200g, 소고기 간 것 200g, 쪽파 2뿌리, 양파 1/2개, 마늘 10쪽, 포도씨유 적당량, **떡갈비 양념**(간장 2숟가락 + 설탕 1/2숟가락 + 청주 1숟가락 + 다진 마늘 1/2숟가락 + 참기름 1숟가락)

1\. 돼지고기 간 것과 소고기 간 것을 섞어요.

2\. 쪽파는 미리 다지고 양파와 분량의 **떡갈비 양념** 재료를 모두 믹서에 갈아요.

공기를 빼는 것처럼 때리면서 많이 치대세요.

3\. 돼지고기와 소고기 섞은 것에 갈아 놓은 **떡갈비 양념**을 두 번에 나눠 넣으며 치대서 반죽해요.

4\. 고기 반죽을 둥글넓적하게 빚어요.

5\. 포도씨유를 살짝 두른 팬에 마늘을 노릇하게 볶아서 꺼내요.

마지막에 송송 썬 쪽파로 장식해도 좋아요.

6\. 같은 팬에 고기 반죽을 앞뒤로 노릇하게 익혀서 접시에 마늘과 함께 담아요.

홍신애의 꿀팁

떡갈비를 반죽할 때 고기 사이에 공기가 없도록 최대한 힘껏 치대세요. 고기와 양념 사이의 공기가 압축되어야 모양을 잡기 쉽고 쫀득해지며, 떡갈비를 구울 때 반죽이 부스러지지 않아요. 떡갈비가 익으면서 가운데가 부풀어 오르면 가운데를 살짝 눌러주세요.

spring table

얼큰한 순두부찌개

우리 가족이 좋아해서 자주 만드는 단골 찌개예요. 얼큰한 국물에 담백하고 보드라운 순두부가 들어가 찌개로 떠먹어도 좋고, 밥에 비벼 먹어도 맛이 일품이에요.
특히 봄철에 조개를 넣고 끓여 놓으면 어느새 한 냄비가 뚝딱 사라진답니다.

재료 순두부 1봉, 양파 1/2개, 모시조개 4개, **만능 육수** 1컵, 애호박 1/6개, 대파 약간, 달걀 1개, 고춧가루 1/2숟가락, 다진 마늘 1/2숟가락, 참기름 적당량
얼큰 양념(고춧가루 2숟가락 + 참기름 1과1/2숟가락 + 새우젓 국물 1과1/2숟가락 + 소금 약간 + 송송 썬 청양고추 1개분)

* 만능 육수는 22쪽 참고, 없을 때는 멸치 우린 물로 대체해도 됩니다.

1. 양파와 애호박은 먹기 좋은 크기로 썰고 대파는 송송 썰어요.

2. 뚝배기에 참기름을 두르고 센 불에서 모시조개와 다진 마늘, 고춧가루를 넣고 30초 정도 볶아요.

얼큰 양념은 분량의 재료를 넣고 미리 섞어 두세요.

3. 만능 육수를 붓고 살짝 끓인 다음 양파와 애호박, 대파를 넣고 얼큰 양념을 넣고 간해 끓여요.

마지막에 청양고추를 넣으면 칼칼한 맛이 더욱 개운해요.

4. 순두부를 뚝뚝 떠서 넣고 달걀을 넣은 다음 살짝 끓여 마무리해요.

spring table

도라지 오이생채

도라지 오이생채는 기관지가 약해서 기침을 달고 사는 큰아들을 위해 자주 식탁에 올리는 단골 반찬이에요. 잘 문질러 씻어서 아린 맛을 제거하면 특유의 향긋함이 살아나서 더욱 맛있답니다.

재료 도라지 100g, 오이 1/4개, 굵은소금 약간,
양념(고추장 2숟가락 + 고춧가루 1/3숟가락 + 다진 파 1/3숟가락 + 다진 마늘 1/3숟가락 + 설탕 1숟가락 + 식초 1숟가락 + 통깨 약간)

1

오이는 굵은소금으로 문질러 깨끗이 씻은 다음 둥글게 썰어 굵은소금을 뿌려 절여요.

2

도라지의 쓴맛을 없애기 위해 꼭 필요한 과정이에요.
도라지는 먹기 좋은 크기로 잘라 굵은소금으로 박박 문질러 씻은 다음 물에 헹궈요.

3

도라지는 찬물에 두세 번 헹궈 아린 맛을 없애요.

4

절인 오이의 물기를 꼭 짜요.

5

분량의 재료를 섞어 **양념**을 만든 다음 오이와 도라지에 넣고 무쳐요.

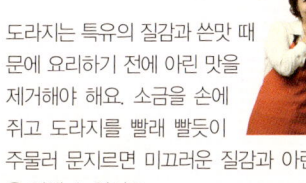
홍신애의 꿀팁
도라지는 특유의 질감과 쓴맛 때문에 요리하기 전에 아린 맛을 제거해야 해요. 소금을 손에 쥐고 도라지를 빨래 빨듯이 주물러 문지르면 미끄러운 질감과 아린 맛을 없앨 수 있어요.

봄 정식

spring table 6

맑은 양배춧국

풋마늘튀김

알배기 주꾸미볶음

spring table

알배기 주꾸미볶음

따뜻한 봄이 제철인 알이 꽉 찬 주꾸미를 매콤한 고추장 양념에 볶아보세요. 주꾸미의 야들야들 쫄깃한 맛에 한번 반하고 매콤한 양념에 계속 손이 가네요.

재료 알배기 주꾸미 4마리, 양파 1개, 풋고추 4개, 홍고추 2개, 포도씨유 4숟가락, 다진 쪽파 4숟가락,

매운 양념(고춧가루 4숟가락 + 고추장 2숟가락 + 간장 2숟가락 + 설탕 2숟가락 + 청주 4숟가락 + 다진 마늘 2숟가락 + 참기름 2숟가락 + 후춧가루 약간)

1. 손질한 알배기 주꾸미는 먹기 적당한 크기로 썰어요.

주꾸미 손질법은 108쪽을 참고하세요.

2. 분량의 재료를 섞어 **매운 양념**을 만들어 고춧가루가 물에 잘 붇게 해요.

3. 양파는 먹기 좋게 썰고 홍고추와 풋고추는 어슷하게 썰어요.

4. 미리 섞어둔 **매운 양념**에 주꾸미를 넣고 버무린 다음 5분 정도 재워요.

보통 육류는 30분 이상 양념에 재우는 것이 좋지만 주꾸미는 오래 재우면 물기가 생겨 맛이 없어져요.

5. 달군 팬에 포도씨유를 두르고 양파와 풋고추, 홍고추를 20초간 볶아요.

6. 양념한 알배기 주꾸미를 넣고 볶은 다음 다진 쪽파를 넣고 불을 꺼요.

주꾸미를 볶을 때 양념이 탈 것 같으면 물을 1~2숟가락 넣어가며 볶으세요.

주꾸미 손질하기

1. 손가락으로 입 부분을 눌러 제거해요.
2. 눈은 가위로 도려내요.
3. 가위로 머리 쪽을 살짝 잘라 뒤집어요.
4. 머리 안쪽의 내장을 제거해요.
5. 밀가루로 박박 문지른 다음 물로 헹궈요.

> 홍신애의 꿀팁
>
> 알배기 주꾸미는 알을 따로 떼어낸 다음 밀가루에 문질러 씻어야 해요.

맑은 양배춧국

소화가 잘되는 양배추를 국으로 끓여본 적 있나요? 기대 이상의 맛으로 보답할 거예요. 달큰한 맛이 일품인 양배춧국은 만드는 방법도 간단해서 바쁜 아침에 정말 요긴하답니다.

재료

양배추 2장, 쪽파 2뿌리, 양파 1/2개, 당근 1/4개, 다진 마늘 1/3숟가락, **만능 육수** 4컵, 소금 약간, 후춧가루 약간
*만능 육수는 22쪽 참고, 없을 때는 멸치 우린 물로 대체해도 됩니다.

1. 양배추는 한입 크기로 썰어서 씻어 물기를 빼요.

2. 쪽파는 송송 썰고 양파와 당근은 채 썰어요.

3. 냄비에 만능 육수를 붓고 끓이다가 양배추와 양파, 당근을 넣고 센 불에서 5~7분 동안 끓여요.

4. 다진 마늘과 송송 썬 쪽파를 넣고 1분 정도 끓인 다음 불을 끄고 소금과 후춧가루로 간해요.

spring table

풋마늘튀김

풋마늘이 생소한 분도 많을 거예요. 말 그대로 아직 덜 여문 마늘을 말하는데, 봄에만 잠시 먹을 수 있는 귀한 재료예요. 보통 풋마늘은 새콤달콤하게 무침을 해도 좋지만 이렇게 튀김을 만들어도 정말 특별하니 맛있어요.

재료 풋마늘 1줌, 튀김기름 적당량, 소금 약간,
튀김옷(맥주 1/2컵 + 전분 3숟가락 + 밀가루 3숟가락 + 소금 약간 + 후춧가루 약간)

1 풋마늘은 씻어 먹기 좋은 크기로 자르고 물기를 제거해요.

2 볼에 분량의 재료를 넣고 버무려 **튀김옷**을 만들어요.

3 풋마늘에 **튀김옷**을 입히고 180℃로 달군 튀김기름에 노릇하게 튀겨요.

4 풋마늘이 다 튀겨지면 건져서 탁탁 쳐서 기름을 빼고 소금을 곁들여 내요.

홍신애의 꿀팁

1 튀김기름의 온도를 맞추는 게 어렵지 않나요? 쉬운 방법을 알려드릴게요. 튀김기름이 끓을 때 나무젓가락을 가운데 넣어서 기포가 10~15개 정도 한번에 올라오면 180℃, 기포가 그것보다 적게 올라오면 180℃ 미만이에요.
2 새봄에 두릅이 나오면 같은 방법으로 튀겨보세요.
3 소금 대신 **초고추장 양념**(고추장 2숟가락 + 식초 2숟가락 + 설탕 2숟가락 + 레몬즙 약간)을 곁들여도 맛있어요.

양념 게장

봄 정식

감자 달걀국

미역 오이 초무침

spring table

양념 게장

양념 게장이 식탁에 오르는 날이면 식구들이 쪽쪽거리는 맛있는 소리가 온 집 안에 가득해요. 밥 한 그릇 뚝딱 해치우게 만드는 밥도둑이라 불리는 게장으로 신나는 밥상을 만들어볼까요?

재료 꽃게 4마리, 홍고추 1개, 당근 1/8개, 양파 1/4개,
간장 양념(간장 1컵 + 다진 생강 1톨분 + 청주 1컵),
게장 양념(고춧가루 6숟가락 + 간장 2숟가락 + 물엿 2숟가락 + 다진 마늘 2숟가락 + 다시마 우린 물 6숟가락 + 사과 간 것 6숟가락 + 참기름 1숟가락 + 후춧가루 약간 + 통깨 약간)

꽃게 손질하기는 117쪽을 참고하세요.

1 꽃게는 솔로 문질러 흐르는 물에 씻고 등딱지를 떼어요.

2 꽃게의 발과 다리를 적당한 크기로 자르고, 내장과 알은 따로 두어요.

3 냄비에 분량의 **간장 양념** 재료를 모두 넣고 끓인 다음 완전히 식혀요.

여기까지 완성한 후, 3일 뒤에 간장만 다시 끓여 부으면 간장 게장이에요. 짜지 않게 먹으려면 만능 육수를 적당히 첨가해서 간장을 만드세요.

4 손질한 꽃게를 끓여서 식혀 둔 **간장 양념**에 넣고 30분간 재워요.

당근과 양파, 홍고추를 채 썰어요.

볼에 만들어 둔 **게장 양념**과 간장 양념한 게, 알과 내장을 넣고 섞어요.

큰 볼에 양념한 게와 썰어 놓은 당근과 양파, 홍고추를 넣고 버무려요.

1. 보통 처음부터 매콤한 양념을 만들어서 버무리는 경우가 많은데, 저는 간장 양념을 먼저 한 다음 매운 양념을 해요. 이렇게 하면 게장 안쪽까지 간이 배어 짭조름하고 탱탱할뿐더러 게장 양념을 넣고 버무렸을 때 간장과 고추장이 서로 시너지를 내어 훨씬 더 맛있어요.
2. 게장 양념은 비빔냉면을 만들 때 활용해도 정말 좋아요. 게장이 남을 경우 게장의 속살을 모아서 양념 게장 냉면을 만들어도 맛있어요.

꽃게 손질하기

꽃게의 등딱지를 떼어 몸통을 분리해요.

등딱지 쪽의 모래주머니를 제거해요.

부스러기 등을 깨끗이 뜯어내요.

입과 주위 부분을 뜯어서 정리해요.

발의 뾰족한 부분을 가위로 잘라요.

조리하기 편하게 칼로 반으로 잘라요.

spring table

감자 달걀국

담백한 맛이 일품인 감자 달걀국은 아이부터 어른까지 온 가족이 좋아하는 메뉴예요. 저도 엄마가 끓여주셨던 포슬포슬한 감자와 부드러운 달걀이 들어간 국이 아직도 생각나요.

재료 감자 2개, 달걀 2개, 양파 1/2개, **만능 육수** 4컵, 다진 마늘 1/2숟가락, 대파 약간, 후춧가루 약간, 소금 1/3숟가락

*만능 육수는 22쪽 참고, 없을 때는 멸치 우린 물로 대체해도 됩니다.

1. 감자는 얄팍하게 썰어 물에 담가요.

(말풍선) 감자 요리를 만들 때는 감자의 전분을 물에 씻어 제거하는 게 좋아요. 그래야 음식이 텁텁하지 않고 깔끔해요.

2. 양파는 얇게 채 썰고 대파는 어슷하게 썰어요.

3. 달걀을 잘 풀어요.

4. 냄비에 만능 육수를 붓고 끓이다가 감자와 양파를 넣고 5분간 끓여요.

5. 소금으로 간하고 다진 마늘과 대파, 후춧가루를 넣고 끓어오르면 달걀을 넣고 휘저어 마무리해요.

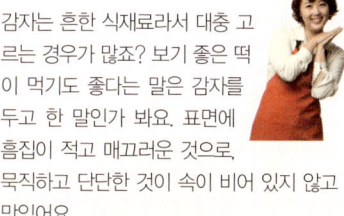

홍신애의 꿀팁

감자는 흔한 식재료라서 대충 고르는 경우가 많죠? 보기 좋은 떡이 먹기도 좋다는 말은 감자를 두고 한 말인가 봐요. 표면에 흠집이 적고 매끄러운 것으로, 묵직하고 단단한 것이 속이 비어 있지 않고 맛있어요.

미역 오이 초무침

마른미역 대신 생돌미역을 사용해도 괜찮아요. 저는 미역 오이 초무침을 할 때 가끔 생돌미역을 사용하기도 해요. 생돌미역은 마른미역에 비해 한결 부드럽고 국을 끓일 때 조금만 끓여도 괜찮답니다.

재료

미역 2줌, 오이 1/4개, 양파 1/8개, 식초 1숟가락, 설탕 1숟가락, 깨소금 약간,
초무침 양념(고추장 2숟가락 + 식초 1숟가락 + 설탕 1숟가락 + 다진 마늘 1/2숟가락 + 참기름 1/3숟가락)

1 마른미역은 물에 불린 다음 손으로 비벼 씻어 체에 밭쳐 물기를 빼요.

2 오이는 반달로 썰고 양파는 채 썬 다음, 오이와 양파에 식초와 설탕을 넣고 1~2분간 절인 다음 물기를 대충 짜요.

3 오이와 양파, 미역에 **초무침 양념**을 넣어 버무리고 깨소금을 뿌려 마무리해요.

> 초무침 양념은 분량의 재료를 미리 섞어 두세요.

홍신애가 사랑하는 것들 1

저는 식재료 여행을 참 좋아합니다

저는 여행을 참 좋아합니다. 호기심이 많아서 가만히 있지 못하고 잘 돌아다니는 편이에요. 요즘은 국내 여행에 흠뻑 빠져 있는데요, 한번은 증도에 간 적이 있어요. 섬이 많아 다도해라 불리는 전라남도 신안군은 자그마치 1,004개의 섬이 있다고 해요. 그중 작은 섬 하나가 바로 증도랍니다. '슬로시티 청정 지역'으로 지정될 만큼 개발의 손길이 미치지 않아 아주 깨끗한 곳이었어요.

뙤약볕이 뜨거운 한여름에 끝없이 펼쳐진 하얀 소금밭을 지나니 정말 꿈을 꾸는 듯 아름다웠어요. 제가 이런 곳을 그냥 지나갈 수 있나요? 장화를 신고 직접 소금도 채취해보고 그곳을 맘껏 만끽하고 왔어요. 저는 지금도 그때 그곳에서 맛본 소금 맛을 잊을 수가 없었어요. 그 이후 지금까지 증도의 소금과 새우젓, 까나리액젓을 주로 사용하고 있답니다.

이렇게 여행은 저에게 마음의 안식을 주는 동시에 제 직업에 있어서도 성장하게 만들어요. 그렇게 많이 돌아다니고 맛있는 먹거리를 맛보았는데도, 아직도 못 가본 곳이 많고, 경험하지 못한 식재료가 참 많습니다. 죽기 전에 다 먹어보고 싶은데 말이에요.

저의 경험과 정보가 차곡차곡 쌓이면 여행 에세이를 한 권 써보고 싶기도 합니다. 물론 먹거리 이야기가 대부분이겠죠. 출장을 가든, 목적 없이 떠나든 결국에는 좋은 식재료와 음식으로 종결되는 게 저의 여행이니까요.

Summer

여름

오이고추 된장박이

오분도미 유부초밥

오분도미 누룽지 닭백숙

해파리냉채

여름정식

summer table 1

summer table

오분도미 유부초밥

아이들뿐만 아니라 새콤달콤한 맛으로 어른들도 좋아하는 유부초밥이에요. 별다른 반찬 없이도 한 끼 식사가 가능해서 별식으로 종종 만들어 먹어요.

재료 오분도미 쌀밥 2공기, 유부 24장, 양파 1/4개, 당근 1/8개, 마른 표고버섯 2개, 포도씨유 1숟가락, 소금 약간, 후춧가루 약간,
배합초(식초 2숟가락 + 설탕 2숟가락 + 소금 1/2숟가락)

1 유부는 뜨거운 물에 살짝 데쳐서 물기를 빼요.

2 따뜻한 오분도미 쌀밥에 **배합초** 재료를 넣고 고루 섞어요.

오분도미가 없다면 일반 백미로 만들어도 되는데, 만드는 방법은 같아요.

3 마른 표고버섯은 미지근한 물에 불려 기둥을 떼고 물기를 빼서 양파와 당근과 함께 잘게 다져요.

4 달군 팬에 포도씨유를 두르고 다진 채소를 볶아 소금과 후춧가루로 간한 다음 밥에 넣고 섞어요.

5 유부가 찢어지지 않게 밥을 넣은 다음 접시에 담아요.

스시를 만들 때처럼 미리 한번 뭉쳐서 넣으면 잘 부서지지 않아요.

홍신애의 꿀팁
보통 배합초를 끓여 식혀서 쓰는데 신선한 맛을 내려면 끓이지 않는 게 좋아요. 배합초를 끓이는 이유는 설탕과 소금을 잘 녹게 하고, 오래 두고 먹기 위해서예요. 하지만 밥이 따뜻할 때 배합초를 섞으면 설탕과 소금이 잘 녹아요. 상큼한 맛을 더하고 싶으면 레몬즙을 조금 넣으세요.

summer table

오분도미 누룽지 닭백숙

여름철 기력이 떨어질 때 몸보신을 위해 끓이게 되는 보양식인 누룽지 닭백숙. 차근차근 따라 하면 어렵지 않으니 이번 여름에는 밖에서 사먹지 말고 집에서 만들어보세요.

재료 영계 1마리, 수삼 1뿌리, 불린 찹쌀 2/3컵, 오분도미 누룽지 100g, 대추 4개, 마늘 6쪽, 물 6컵, 다진 파 약간, 소금 약간, 후춧가루 약간

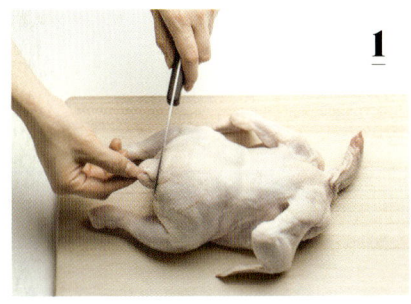

영계는 꼬리 쪽의 세모나게 나온 지방 부위를 자르고 흐르는 물에 씻어요.

대추는 씨를 발라내고 수삼은 머리를 자른 뒤 칼등으로 껍질을 살살 벗겨요.

영계 뱃속에 불린 찹쌀과 마늘 3쪽, 대추, 수삼을 넣고 다리를 꼬아 고정해요.

냄비에 닭과 물, 마늘 3쪽을 넣고 중간 불로 끓여요.

소금으로 간한 다음 후춧가루와 다진 파를 넣어 마무리해요.

냄비에 오분도미 누룽지를 넣고 누룽지가 퍼질 때까지 끓여요.

홍신애의 꿀팁

오분도미 누룽지가 없으면 일반 누룽지를 넣어도 돼요. 달군 팬에 밥을 얇게 펴서 구운 홈메이드 누룽지를 준비하면 좋아요.

오이고추 된장박이

아삭아삭한 고추와 짭조름하고 구수한 된장 양념의 조화가 입맛을 당기는 반찬이에요. 먹었을 때의 만족도에 비해 만드는 법이 너무나 쉽고 간단해서 자주 상에 올리게 될 거예요.

재료

오이고추 4개, 검은깨 약간.
된장 양념(된장 2숟가락 + 미소(일본 된장) 1숟가락 + 다진 마늘 1/3숟가락 + 간장 1숟가락 + 참기름 1숟가락)

1. 오이고추는 잘 씻어서 한입 크기로 썰어요.

2. 분량의 재료를 섞어 **된장 양념**을 만들어요.

3. 오이고추에 된장 양념을 넣고 고루 버무려요.

4. 맨 마지막에 검은깨를 뿌려요.

해파리냉채

예전에 해파리냉채는 잔칫상에 빠지지 않고 오르는 손님 접대 음식이었어요. 해파리는 냉채를 만들어야 제맛이지요. 톡 쏘는 겨자와 오돌오돌 씹히는 식감의 해파리가 정말 잘 어울리거든요.

재료

염장 해파리 500g, 오이 1/2개, 양파 1/4개, **냉채 소스**(연겨자 1/2숟가락 + 식초 2숟가락 + 물 2숟가락 + 간장 1/2숟가락 + 설탕 2숟가락 + 다진 마늘 1/2숟가락)

1
해파리는 물에 담갔다가 체에 밭쳐 뜨거운 물에 살짝 담갔다 꺼내요.

2
해파리는 한입 크기로 썰고 오이와 양파는 얇게 채 썰어요.

냉채 소스는 분량의 재료를 넣고 미리 섞어 두세요.

3
해파리에 **냉채 소스**를 넣고 버무린 다음 오이와 양파를 넣고 버무려서 완성해요.

닭가슴살 불고기

검은콩 냉국

새우젓 애호박볶음

여름 정식

summer table **2**

summer table

닭가슴살 불고기

사람마다 닭고기를 좋아하는 부위가 다르더라고요. 닭가슴살이 퍽퍽해서 싫어하는 사람도 간장 양념만 잘 만들어서 요리하면 맛있다며 만족할 거예요.

재료 닭가슴살 500g(3~4조각 정도), 고구마 1개, 양파 1/2개, 쪽파 2뿌리, 포도씨유 1숟가락, 소금 약간, 후춧가루 약간.
간장 양념(청주 2숟가락 + 간장 2숟가락 + 설탕 1과1/2숟가락 + 사과 주스(사과즙) 1숟가락 + 참기름 1숟가락 + 다진 마늘 1/2숟가락 + 생강즙 1/2숟가락 + 후춧가루 약간)

1 닭가슴살은 한입 크기로 썰어서 소금과 후춧가루로 밑간해요.

2 밑간한 닭가슴살에 분량의 간장 양념을 넣고 버무려 30분 동안 재워요.

3 고구마는 껍질째 물에 씻어 전자레인지에 3분 동안 익힌 다음 양파와 함께 주사위 모양으로 썰어요. 쪽파는 1~1.5cm 길이로 썰어요.

4 양념한 닭고기에 고구마와 양파, 쪽파를 넣고 고루 버무린 다음 달군 팬에 포도씨유를 두르고 노릇하게 구워요.

홍신애의 꿀팁

저는 요리할 때 사과 주스(사과즙)를 자주 이용해요. 닭고기나 돼지고기를 양념할 때 사과를 넣으면 고기를 연하게 만드는 연육 작용을 할 뿐만 아니라 사과 특유의 단맛으로 설탕을 조금만 넣어도 되어요.

검은콩 냉국

여름의 대표 음식 중에서 콩국을 빼놓을 수 없어요. 몸에 좋은 블랙 푸드인 검은콩을 이용해 보세요. 고소한 맛이 배가되는 보다 특별한 냉국을 만들 수 있어요.

재료
검은콩(서리태) 1컵, 물 3컵, 소금 약간, 설탕 약간

홍신애의 꿀팁

콩을 삶을 때는 15분 정도가 적당해요. 덜 삶으면 날콩 특유의 비린내가 나고, 너무 푹 삶으면 된장 같은 냄새가 나니 시간을 반드시 지키세요.

1

검은콩은 씻은 다음 미지근한 물에 담가 30분간 불려요.

2

냄비에 검은콩과 검은콩 불린 물 적당량, 소금, 설탕을 넣고 15분간 삶아요.

3

검은콩을 불린 물에도 영양소가 들어 있으니 버리지 말고 삶을 때 꼭 같이 넣으세요.

믹서에 검은콩과 콩 삶은 물을 넣고 곱게 갈아요.

4

굵은 체에 내려 콩국을 완성해요.

새우젓 애호박볶음

애호박과 새우젓은 궁합이 정말 좋은 음식이에요. 보통 소금으로 간해서 볶는데, 새우젓이 주는 특별한 감칠맛으로 애호박볶음이 업그레이드된 맛을 선사할 거예요.

재료

애호박 1개, 소금 약간, 다진 마늘 1/2순가락, 새우젓 1/2 숟가락, 포도씨유 적당량, 후춧가루 약간

1. 애호박은 반달 모양으로 얇게 썰어요.

2. 소금을 뿌려 5분 정도 절였다가 물기를 살짝 짜요.

3. 포도씨유를 두른 팬에 애호박을 넣고 중간 불에서 색이 변하지 않게 볶아요.

4. 다진 마늘을 넣고 한번 더 볶아서 불을 끄고, 새우젓과 후춧가루로 간해 마무리해요.

여름 정식

summer table 3

성게알 비빔밥   매콤한 가지볶음

두부 김치탕국

성게알 비빔밥

여름철 입맛을 살리는 특별한 음식으로 성게알 비빔밥을 추천해요. 비싼 식재료이긴 하지만 밥맛을 확 살릴 만큼 맛이 좋아요. 간장으로 비빔 양념장을 만들면 너무나 간단해요.

재료

밥 2공기, 성게알 60g, 깻잎 4장, 상추 4장,
비빔 간장(간장 2숟가락 + 설탕 2숟가락 + 청주 2숟가락 + 마늘 3쪽 + 물 2숟가락)

냄비에 분량의 **비빔 간장** 재료를 모두 넣고 끓인 다음 식혀요.

깻잎과 상추는 흐르는 물에 씻은 다음 물기를 빼서 얇게 채 썰어요.

밥 위에 성게알와 채 썬 상추와 깻잎을 올리고 **비빔 간장**을 뿌려서 마무리해요.

홍신애의 꿀팁

비빔 간장은 성게알 비빔밥뿐만 아니라 해산물 재료의 양념으로 곁들여도 좋아요.

두부 김치탕국

매일같이 국과 찌개가 고민되잖아요? 오늘은 무슨 국을 끓일지 고민될 때 잘 익은 김치랑 냉장고에 두부만 있어도 맛있는 두부 김치탕국을 끓일 수 있어요. 이제 국 걱정은 하지 마세요.

재료

송송 썬 김치 1컵, 두부 1/2모, 쪽파 2대, **만능 육수** 4컵, 참기름 약간, 소금 약간, 국간장 약간
*만능 육수는 22쪽 참고, 없을 때는 멸치 우린 물로 대체해도 됩니다.

1
두부는 한입 크기로 썰고 쪽파는 어슷하게 썰어요.

2
냄비에 참기름을 두르고 김치를 살짝 볶아요.

3
만능 육수를 넣고 끓어오르면 두부를 넣어요.

4
쪽파를 넣고 소금으로 간해서 마무리해요.

summer table

매콤한 가지볶음

가지는 호불호가 나뉘는 식재료예요. 의외로 가지의 물컹거리는 식감을 싫어하는 분도 있더라고요. 하지만 제가 알려드리는 매콤한 가지볶음을 한번 만들어보세요. 가지의 묘한 맛에 중독되어 자주 만들어 드실 거예요.

재료 가지 2개, 양파 1/2개, 소금·후춧가루 약간씩, 포도씨유 1숟가락, 참기름 약간, **가지 양념**(다진 마늘 2숟가락 + 간장 1숟가락 + 설탕 1숟가락 + 식초 1숟가락 + 두반장 1/3숟가락)

1. 가지는 손가락 모양으로 길쭉하게 썰고, 양파는 채 썰어요.

2. 분량의 재료를 섞어 **가지 양념**을 만들어요.

3. 달군 팬에 포도씨유를 두르고 가지와 양파, 소금, 후춧가루를 넣고 색을 내며 볶아요.

4. 가지가 반 정도 익으면 만들어 둔 **가지 양념**을 넣고 재빨리 볶아요. 양념이 엉겨서 가지에 달라붙으면 불을 끄고 참기름을 둘러 뒤적인 다음 그릇에 담아요.

홍신애의 꿀팁

1. 여름 가지는 묘한 과일 향이 나지요. 뜨거운 태양을 견뎌낸 가지를 쓱쓱 썰어보면 방울방울 맺히는 진액이 얼마나 많은 풍미를 담고 있는지 보일 정도예요. 게다가 너무나 예쁜 보라색은 안토시아닌을 가득 담고 있어요. 안토시아닌은 꽃이나 과일, 곡류에서 적색과 보라색을 띠는 수용성 색소인데 외부 환경으로부터 자신을 보호하기 위해 분비되는 물질로 강력한 항산화 작용을 해요. 그러니 몸에 얼마나 좋겠어요.
2. 가지는 조직이 스펀지처럼 기름을 잘 흡수하는 성질을 있어 기름에 튀기거나 볶아 먹으면 좋아요.

꽃등심 소금구이와
영양부추무침

시금치무침

여름
정식

summer table
4

완전 시원한 도토리묵국

꽃등심 소금구이와 영양부추무침

말만 들어도 입안에 침이 고이고 기분이 좋아지는 꽃등심! 좋은 꽃등심은 특별한 양념 없이 잘 굽기만 해도 그 자체로 근사한 요리랍니다.

재료

소고기(꽃등심) 400g, 영양부추 1줌, 참기름 약간, 소금 약간, 후춧가루 약간.
부추 양념(간장 2 숟가락 + 설탕 1숟가락 + 다진 마늘 1/2 숟가락 + 식초 2숟가락 + 고춧가루 1/2숟가락 + 참기름 1 숟가락 + 통깨 1/2숟가락)

소고기는 익으면 수축하므로 조금 큼직하게 잘라야 맛있어요.

1 소고기는 한입 크기보다 약간 크게 잘라요.

2 소고기의 겉면이 노릇해지도록 재빨리 구워요.

3 소금과 후춧가루로 간하고 참기름을 약간 뿌려서 마무리해요.

부추 양념은 분량의 재료를 넣고 미리 섞어 두세요.

4 손가락 두 마디 길이로 자른 영양부추에 **부추 양념**을 넣고 버무린 다음 구운 꽃등심을 올려 먹어요.

시금치무침

시금치 하면 자연스레 뽀빠이가 떠올라요. 우리도 뽀빠이처럼 시금치 먹고 건강해집시다! 단맛이 도는 시금치는 살짝 무치기만 해도 맛이 좋아서 자꾸 찾게 되는 반찬이에요.

재료

시금치 1단, 소금 약간, 참기름 1숟가락,
간장 양념(다진 마늘 1/3숟가락 + 송송 썬 쪽파 1숟가락 + 간장 1과1/2숟가락)

1. 시금치는 지저분한 잎과 뿌리를 떼어 다듬어요.

2. 끓는 물에 소금을 넣고 시금치를 살짝 데쳐 찬물에 헹궈요.

홍신애의 꿀팁

시금치 같은 파란 잎채소를 데칠 때 소금을 약간 넣으면 이파리의 색을 선명하게 만들어줘요. 알칼리성 성분이 녹색 채소를 파랗게 하거든요. 또 아주 살짝 끓는 물에 담갔다 건지는 정도로만 데쳐야 해요. 너무 오래 무르도록 삶지 마세요.

3. 데친 시금치의 물기를 꼭 짜요.

4. 분량의 재료를 섞어 **간장 양념**을 만들어요. 시금치에 소금과 간장 양념을 넣고 무친 다음 마지막에 참기름을 둘러 마무리해요.

summer table

완전 시원한 도토리묵국

여름만 되는 도토리묵국을 해먹는 재미에 푹 빠져 지낸답니다. 뜨거운 국물 요리를 만드는 게 번거롭잖아요. 시원한 국물에 고소한 도토리묵이 어우러진 맛있는 음식이에요.

재료 도토리묵 1모, 송송 썬 김치 1컵, **만능 육수** 2컵, 조미김 4장,
김치 양념(국간장 1/2숟가락 + 통깨 1/3숟가락 + 참기름 1숟가락 + 설탕 1/2숟가락),
육수 양념(국간장 1/2숟가락 + 식초 1/2숟가락 + 소금 약간 + 설탕 약간)
* 만능 육수는 22쪽 참고, 없을 때는 멸치 우린 물로 대체해도 됩니다.

1 도토리묵은 손가락 굵기로 길쭉하게 썰어요.

김치 양념은 분량의 재료를 넣고 미리 섞어 두세요.

2 송송 썬 김치는 **김치 양념**을 넣고 버무려요.

육수 양념은 분량의 재료를 넣고 미리 섞어 두세요.

3 만능 육수는 **육수 양념**으로 간하고 도토리묵을 넣어요.

조미김은 비닐봉지에 넣어 비벼서 부수면 편해요.

4 도토리묵에 양념한 김치를 올리고 조미김을 부숴 올린 다음 통깨를 뿌려요.

홍신애의 꿀팁

도토리묵밥 만들기

도토리 묵사발에 따끈한 밥만 곁들여도 한 끼 든든한 도토리묵밥을 즐길 수 있는데, 소면을 삶아 넣어도 좋아요. 도토리묵 말고 메밀묵, 청포묵 등을 이용해도 좋아요.

여름 정식

summer table 5

오이 미역냉국

감자채볶음

흑초 고추장 제육볶음

흑초 고추장 제육볶음

나른해지는 여름에 입맛을 확 당기는 음식을 찾으시나요? 적당히 매콤한 흑초 고추장 제육볶음을 상추쌈에 싸먹으면 입맛 없다는 말은 쏙 들어갈 거예요. 제가 장담한다니까요.

재료

돼지고기(앞다리살) 500g, 양파 1/2개, 대파 1/2대, 꽈리고추 6개, 포도씨유 적당량.
흑초 고추장 양념(설탕 4숟가락 + 간장 2숟가락 + 청주 1숟가락 + 고추장 4숟가락 + 흑초 1숟가락 + 다진 마늘 1/2숟가락 + 참기름 1/2숟가락 + 흑후춧가루 1/2숟가락)

1 돼지고기는 칼등으로 두드려 펴서 연하게 만들어요.

2 양파와 대파는 채 썰고 꽈리고추는 꼭지를 떼요.

흑초 고추장 양념은 분량의 재료를 넣고 미리 섞어 두세요.

3 돼지고기에 **흑초 고추장 양념**을 넣고 버무린 다음 간이 배게 30분에서 2시간 동안 재워요.

4 달군 팬에 포도씨유를 두르고 양파와 대파, 꽈리고추를 넣고 30초간 볶은 다음 양념한 돼지고기를 볶아요.

홍신애의 꿀팁

1 흑초는 현미를 발효시킨 식품으로 특유의 산미가 돼지고기의 지방을 분해하고 느끼한 맛을 잡아줘요. 신맛 역시 단백질 구조를 바꿔 촘촘히 만들어주기 때문에 돼지고기 요리에 식초를 넣으면 육질이 탱탱해져요. 돼지고기 요리를 하는 저만의 비법 중 하나예요.

2 흑초 고추장 양념은 넉넉히 만들어 두었다가 비빔국수 양념으로 사용해도 좋아요.

감자채볶음

감자는 1년 열두 달 늘 있는 식재료지만 제철을 맞은 여름 감자는 포실포실한 맛이 더욱 좋지요. 만들기 쉬운 평범한 감자채볶음이지만 온 가족이 좋아하는 반찬이에요.

재료

감자 3개, 마늘 3쪽, 양파 1/2개, 당근 1/4개, 소금 1/3숟가락, 후춧가루 약간, 포도씨유 적당량

1. 감자는 채 썰어 찬물에 담가요.

이 과정을 통해 전분을 제거해야 깔끔한 감자채볶음을 만들 수 있어요.

2. 마늘은 편으로 썰고 양파와 당근은 얇게 채 썰어요.

3. 달군 팬에 포도씨유를 살짝 두르고 마늘을 볶아 향을 내요.

4. 감자와 양파, 당근을 넣고 감자가 익을 때까지 볶은 다음 소금과 후춧가루로 간해요.

summer table

오이 미역냉국

국이나 찌개가 있어야 밥을 먹는 분도 있는데요. 여름에는 뜨거운 국 대신 시원한 오이 미역냉국을 만들어보세요. 열을 식혀주는 오이와 영양 만점인 미역의 새콤한 맛이 입맛을 살려줘요.

재료 마른미역 1/2줌(6g), 오이 1/2개, 쪽파 1뿌리, 홍고추 1/4개, 통깨 약간.
미역 양념(국간장 2숟가락 + 설탕 1숟가락 + 다진 마늘 1/5숟가락).
냉국 양념(물 3컵 + 국간장 1숟가락 + 설탕 1/2숟가락 + 식초 1과1/2숟가락 + 소금 약간)
  * 냉국 양념에 물 대신 만능 육수나 멸치 우린 물을 사용하면 더 깊은 맛이 나요(22쪽 참고).

1\. 마른미역은 찬물에 불려서 씻은 다음 물기를 꼭 짜요.

2\. 불린 미역을 체에 담아 끓는 물을 4~5번 부어 살짝 데친 다음 다시 찬물에 담갔다가 물기를 짜요.

3\. 오이는 얇게 채 썰고 쪽파는 송송 썰고 홍고추는 동그랗게 송송 썰어요.

4\. 데친 미역과 오이에 분량의 **미역 양념**을 넣고 고루 버무려요.

5\. 분량의 재료를 섞어 **냉국 양념**을 만들어요.

6\. 양념한 냉국에 양념한 미역과 오이를 넣고 섞은 다음 통깨와 홍고추, 쪽파를 올려요.

매콤한 오징어볶음

진미 오징어채무침

데리야키 오징어 통구이

돼지호박 새우젓 맑은탕

여름 정식

summer table

데리야키 오징어 통구이

왠지 근사한 음식점에서 식사하는 기분을 내고 싶을 때가 있어요. 그런 날은 오징어를 통으로 식탁에 올려보세요. 오징어를 스테이크처럼 칼질하는 재미가 쏠쏠하답니다.

재료 오징어 1마리, 대파 1대, 버터 1숟가락, 포도씨유 1숟가락,
데리야키 소스(간장 3숟가락 + 설탕 2숟가락 + 청주 3숟가락 + 물엿 1숟가락 + 다진 마늘 약간 + 다진 생강 약간)

오징어 손질하는 방법은 160쪽을 참고하세요.

오징어는 다리 쪽을 잡아당겨 속에 있는 내장을 빼내고 손을 넣고 뼈까지 제거한 뒤 껍질을 벗겨요.

몸통의 껍질을 벗긴 다음 가위로 가장자리에 칼집을 넣어요.

대파는 채 썰어 물에 헹군 다음 찬물에 담가요.

팬에 버터와 포도씨유를 두르고 오징어를 올려서 앞뒤로 구워요.

데리야키 소스는 분량의 재료를 넣고 미리 섞어 놓아요.

오징어가 거의 익으면 **데리야키 소스**를 뿌려 중간 불에서 소스를 발라가며 앞뒤로 구워요.

오징어에 파채를 올리고 남은 소스를 뿌려요.

홍신애의
꿀팁

오징어 손질하기

몸통과 다리 부분을 잡아당겨 분리해요.

투명한 뼈를 떼어요.

손가락에 소금을 잔뜩 묻혀 잡아당기듯 껍질을 벗겨요.

소금을 잔뜩 묻혀야 껍질이 미끄러지지 않고 벗겨져요.

눈과 입을 칼로 도려내요.

밀가루로 문질러 씻은 다음 물로 헹궈요.

이 과정을 통해 표백도 하고 미세한 먼지까지 제거해요.

레시피 하나 더

매콤한 오징어볶음

오징어볶음은 아무래도 매운 양념으로 만들어야 제맛이에요. 매콤한 오징어볶음은 밥과 함께 덮밥 스타일로 내도 손색이 없어요.

재료
오징어 1마리, 양파 1개, 풋고추 1개, 홍고추 1개, **만능 육수** 1/2컵, 포도씨유 적당량.
양념장(고추장 3숟가락 + 고춧가루 5숟가락 + 청주 2숟가락 + 매실청 2숟가락 + 설탕 2숟가락 + 다진 마늘 1숟가락 + 참기름 1/2숟가락 + 후춧가루 약간)
* 만능 육수는 22쪽 참고, 없을 때는 멸치 우린 물로 대체해도 됩니다.

1. 오징어는 다리 쪽을 잡아당겨 안쪽의 내장을 완전히 제거하고 껍질을 벗긴 다음 먹기 좋은 크기로 썰어요.

2. 양파는 도톰하게 채 썰고, 풋고추와 홍고추는 동그란 모양을 살려 썰어요.

양념장은 분량의 재료를 넣고 미리 섞어 두세요.

3. 손질한 오징어는 **양념장**을 넣고 버무리는데, 진공팩에 넣어 잠시 숙성시키면 좋아요.

4. 숙성시킨 오징어에 양파와 풋고추, 홍고추를 넣고 버무린 다음 포도씨유를 두른 팬에 중간 불로 살짝 볶아요. 만능 육수를 넣어가며 볶으면 타지 않아요.

돼지호박 새우젓 맑은탕

새우젓만 넣고 국을 끓인다고 하면 고개를 갸우뚱할 분도 있을 텐데요. 익숙한 요리는 아니지만, 새우젓으로 양념한 맑은탕 맛이 참 그럴듯해요. 제 말만 믿고 한번 끓여보세요.

재료

돼지호박 1/4개, 양파 1/2개, 대파 1/3대, **만능 육수** 4컵, 새우젓 1순가락, 다진 마늘 1/3순가락, 참기름 1순가락, 소금 약간

* 만능 육수는 22쪽 참고, 없을 때는 멸치 우린 물로 대체해도 됩니다.

1. 돼지호박은 한입 크기로 도톰하게 썰어요.

2. 양파는 채 썰고 대파는 송송 썰어요.

3. 냄비에 만능 육수를 붓고 끓이다가 돼지호박과 양파를 넣고 5분간 더 끓여요.

4. 새우젓으로 간하고 다진 마늘과 대파, 참기름을 넣어 마무리해요.

부드러운
진미 오징어채무침

온 가족이 좋아하는 밑반찬계의 절대 강자! 어느 집에서나 만드는 흔한 반찬이지만 부드럽고 맛있게 만드는 게 쉽지 않다고요? 저를 따라 차근차근 만들어볼까요.

재료

진미 오징어채 1줌(약 100g), 호두 1/2줌, 마요네즈 2숟가락, 깨소금 약간.
양념장(고추장 2숟가락 + 설탕 1숟가락 + 간장 1/2숟가락 + 과일 주스 1숟가락 + 참기름 1숟가락)
* 과일 주스는 건더기가 없는 것을 사용하면 되는데 사과 주스가 가장 좋아요.

1 오징어채는 먹기 좋은 길이로 잘라 마요네즈를 넣고 버무려요.

2 달군 팬에 호두를 살짝 볶아요.

양념장은 분량의 재료를 넣고 미리 섞어 두세요.

3 오징어채에 **양념장**과 볶은 호두를 넣고 버무린 다음 깨소금을 뿌려요.

> **홍신애의 꿀팁**
>
> 오징어채를 마요네즈에 먼저 버무리는 것이 이 음식의 핵심이에요. 이렇게 하면 오징어채가 기름 성분 때문에 부드러워지거든요. 이 과정을 생략하면 오징어채가 질겨지기 쉬워요. 마요네즈가 부담스럽다면 참기름으로 먼저 무쳐도 좋아요.

명란 달걀말이

무말랭이무침

손으로 두드려 만든 소불고기

초계탕

여름정식

summer table 7

summer table

초계탕

여름철 보양식으로 삼계탕을 빼놓을 수 없어요. 보통 뜨거운 삼계탕만 생각하겠지만, 찬 국물에 새콤한 겨자 맛이 일품인 초계탕을 만들어보세요. 여름 내내 초계탕만 만들지도 몰라요.

재료 닭 1마리, 대파(흰 부분) 2대, 양파 1개, 마늘 5쪽, 통후추 1/2숟가락, 청주 3숟가락, 물 2리터, 오이 1개, 당근 1/3개, 양파 1/2개, 달걀(고명용 황백 지단) 1개,
국물 양념(닭 육수 1리터 + 식초 3숟가락 + 설탕 1숟가락 + 연겨자 1숟가락 + 소금 약간),
닭 양념(간장 약간 + 소금 약간 + 연겨자 1/2숟가락)
* 닭은 미리 손질해 두거나 손질한 닭을 구입하세요.

국물 양념은 분량의 재료를 넣고 미리 섞어 두세요.

대파의 흰 부분과 양파 1개를 직화로 구워요. 냄비에 손질한 닭과 양파, 대파, 마늘, 통후추, **국물 양념**을 함께 넣고 30~40분 동안 끓여요.

육수가 끓어오르면 청주를 넣어요.

닭을 건져 육수를 체에 내려 냉장고에 넣어요.

닭고기는 살을 발라 한 김 식힌 다음 만들어 놓은 **닭 양념**을 넣고 버무려요.

오이는 돌려 깎아서 채 썰고 양파 1/2개와 당근도 채 썰어요. 채 썬 양파를 찬물에 담가요. 달걀은 흰자와 노른자를 분리해 지단을 부쳐 얇게 채 썰어요.

그릇에 양념에 버무려 놓은 닭고기와 채 썬 채소, 지단을 담고 냉장고에 넣어 둔 육수를 부어서 완성해요.

명란 달걀말이

달걀말이를 할 때 야채만 넣지 말고 명란젓과 치즈를 넣어보세요. 짭조름한 명란젓과 고소한 치즈 맛이 달걀말이를 더욱 감칠맛 나게 만들어요. 매일 먹는 달걀말이가 새롭게 느껴질 거예요.

재료
달걀 5개, 명란 1덩이, 슬라이스 치즈 2장, 소금 약간, 설탕 약간, 후춧가루 약간, 포도씨유 적당량

1\. 볼에 달걀을 풀고 소금과 설탕, 후춧가루를 넣고 섞은 다음 체에 내려요.

2\. 달군 팬에 포도씨유를 두르고 달걀물을 부은 다음 바닥이 익기 시작하면 약한 불로 줄여요.

3\. 달걀이 반 정도 익으면 명란과 슬라이스 치즈를 올려 한쪽 끝부터 김밥 말듯 말아 올려요. 다시 남은 달걀물을 부어 말아요.

4\. 달걀말이가 식으면 먹기 좋은 크기로 잘라요. 식었을 때 잘라야 예쁜 모양이 나와요.

홍신애의 꿀팁

당근과 양파 같은 채소를 잘게 다져서 넣으면 달걀말이만으로도 각종 영양소를 풍부하게 섭취할 수 있어요.

무말랭이무침

늦여름이 되면 흔하게 볼 수 있는 무를 말려서 색다르게 즐겨보세요. 예전에는 도시락 반찬의 단골 메뉴였던 무말랭이가 요즘은 귀한 음식이 되고 말았어요. 오돌오돌 씹는 맛이 일품이랍니다.

재료

무말랭이 100g, 물 2컵, 간장 3숟가락, 참기름 1숟가락, **양념**(고춧가루 4숟가락 + 간장 4숟가락 + 설탕 1숟가락 + 청주 1숟가락 + 다진 마늘 약간 + 물엿 2숟가락 + 통깨 약간 + 참기름 약간).

홍신애의 꿀팁

1. 물엿은 따로 넣지 마세요. 미리 양념을 만들어서 버무리고 참기름으로 마무리하면 물엿을 넣지 않아도 윤기가 반지르르하게 돌아요.
2. 만들어 둔 무말랭이 양념으로 풋마늘을 무쳐도 정말 맛있어요.

말린 무말랭이를 찬물에 담가 손으로 주물러 여러 번 씻어요.

물과 간장을 섞은 물에 30분쯤 담가 부드럽게 불린 다음 꼭 짜서 물기를 빼요.

볼에 불린 무말랭이를 담고 미리 섞어둔 **양념**을 일부 넣고 버무리다가 나머지 **양념**을 넣고 마저 버무려요.

참기름을 뿌려 버무려서 마무리해요.

summer table

손으로 두드려 만든 소불고기

마트에서 파는 양념 불고기 대신 집에서 정성을 다해 만든 불고기 어떠세요? 고기를 잘 두드리고 양념장만 잘 만들면 누구나 좋아하는 부드러운 양념 소불고기를 만들 수 있어요.

재료 소고기(불고기용) 500g, 대파 1/2대, 양파 1/2개, 포도씨유 적당량.
불고기 양념(간장 2순가락 + 설탕 2순가락 + 청주 1순가락 + 참기름 1/2순가락 + 과일 주스 1순가락 + 다진 마늘 1/2순가락 + 물 1/2순가락 + 통깨 약간 + 후춧가루 약간)

1. 소고기는 적당한 크기로 잘라 칼등으로 살짝 두드리거나 칼날로 힘을 빼고 눌러서 연하게 만들어요.

2. 대파는 어슷하게 썰고 양파는 채 썰어요.

3. 분량의 재료를 섞어 **불고기 양념**을 만들어요.

4. 소고기에 섞어 둔 **불고기 양념**을 넣어 버무려요.

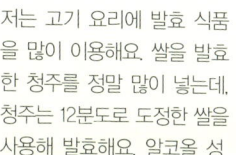

5. 달군 팬에 포도씨유를 두르고 양파와 대파를 볶다가 양념한 불고기를 넣고 볶아요.

저는 고기 요리에 발효 식품을 많이 이용해요. 쌀을 발효한 청주를 정말 많이 넣는데, 청주는 12분도로 도정한 쌀을 사용해 발효해요. 알코올 성분이 고기의 잡내를 잡아주고 쌀의 발효된 성분이 고기의 육질을 개선해요. 특유의 풍성한 감칠맛과 단맛을 더해주는 고마운 발효 식품이에요.

레시피 하나 더

버섯 소불고기

여러 가지 버섯을 넣어 소불고기를 만들면 영양 만점의 근사한 요리가 탄생해요.

재료
소고기(불고기용) 500g, 양파 1/2개, 양송이버섯 3개, 표고버섯 2개, 백만송이버섯 10g, 대파 1/2대, 포도씨유 적당량, 소금 약간, 후춧가루 약간.
불고기 양념(간장 2숟가락 + 설탕 2숟가락 + 청주 1숟가락 + 참기름 1/2숟가락 + 과일 주스 1숟가락 + 다진 마늘 1/2숟가락 + 물 1/2숟가락 + 통깨 약간 + 후춧가루 약간)

1 소고기는 칼등으로 살짝 두드려 연하게 만들어요.
2 양파와 대파, 양송이버섯, 표고버섯, 백만송이버섯은 한입 크기로 도톰하게 썰어요.
3 분량의 재료를 섞어 **불고기 양념**을 만들고, 불고기에 넣고 버무려 양념해요.
4 달군 팬에 포도씨유를 두르고 양파와 대파를 먼저 볶다가 양념한 불고기를 넣고 볶아 고기가 다 익으면 잠시 덜어 놓아요.
5 같은 팬에 포도씨유를 살짝 두르고 버섯을 볶다가 색깔이 나면 소금과 후춧가루로 간하고 불고기 위에 얹어 내요.

> 홍신애가 사랑하는 것들 2

시장에 가자!

요즘은 집 앞의 슈퍼마켓에서도 장을 볼 수 있고, 대형 할인마트에서 온라인으로 주문하면 총알 같이 배송도 해주죠. 이런 시대에도 저는 재래시장을 참 자주 가는 것 같아요.

할머니 손잡고 엄마 손잡고 쫄래쫄래 다니던 경동시장, 그중에서도 각종 견과류와 건과일을 판매하는 제성상회는 우리 집안의 단골가게예요. 회장 할아버지께서는 제가 갈 때마다 손을 꼭 잡아주시면서 큰 주전자에 끓여 놓은 대추차를 한잔 건네주시고, 삼촌은 늘 수줍어하시지만 곶감을 먹으라며 잔뜩 주시지요. 이런 사람 사는 맛 때문에 시장에 자꾸 오게 되는 건지도 몰라요.

하지만 인정만 있다고 생각하면 오산이에요. 제성상회의 견과류는 정말 최고거든요. 늘 신선한 상태를 유지하기 위해 냉동 보관한 것들만 판매해요. 바로 볶아서 살 수 있기 때문에 지방산 파괴를 최소화해 더욱 건강해요.

물론 대형 할인마트에도 자주 가지만, 재래시장은 가격도 싸고 신선하고 다양한 종류가 있어서 참 좋아요. 같은 대추라도 집집마다 물건이 다르기 때문에 구경하고 고르는 재미도 쏠쏠하죠.

멸치와 건오징어류는 건어물 골목에, 과일은 청과 골목에, 해산물과 고기는 정육해산물 골목에 모여 있어요. 모두 수십 년씩 장사하신 분들이라 요즘 어떤 물건이 좋은지, 물건 보는 방법을 알려주셔서 저에게는 살아 있는 공부예요.

싱싱한 식재료를 보면 너무 예뻐서 기분이 얼마나 좋아지는지 몰라요. 양손 가득 신선한 식재료를 사가지고 올 때의 기분이란! 경험해보지 못한 사람은 모른다니까요. 사실 식재료도 식재료지만 시장의 로드 푸드를 맛보는 재미 또한 쏠쏠하죠. 경동시장에서는 주로 팥죽, 국수, 호박죽을 먹는데요, 신나게 장보고 돌아다니다가 뜨끈한 국수 한 그릇 들이키면 얼마나 맛있는지! 꼭 드셔보세요.

서울의 광장시장, 마장동 정육골목, 노량진 수산시장부터 지방의 제주 민속 오일장까지 우리나라에는 좋은 시장들이 정말 많아요. 여러분도 오늘은 장바구니 들고 시장 나들이 한번 해보세요.

Autumn

가을

콩비지찌개

가을 정식

autumn table 1

고추장 육회

버섯 메추리알 장조림

autumn table

콩비지찌개

점점 나이가 들수록 콩으로 만든 음식이 좋아져요. 고소하면서도 영양까지 풍부한 콩비지찌개는 배가 불러도 자꾸 리필하게 만드는 음식이에요. 거기에 돼지고기까지 합세하면 더 깊은 맛이 난답니다. 오늘은 콩비지찌개를 만들어볼까요?

재료 메주콩 2/3컵, 물 1/2컵, 배추김치 1컵, 돼지고기(목살) 1줌(약 100g), 소금 약간, 후춧가루 약간, 청주 1숟가락, 참기름 1/2숟가락, **만능 육수** 1/2컵, 국간장 1/2숟가락

*만능 육수는 22쪽 참고, 없을 때는 멸치 우린 물로 대체해도 됩니다.

1

메주콩은 깨끗이 씻어 실온에서 2시간 정도 불려요.

2

불린 메주콩에 물 1/2컵을 붓고 믹서에 곱게 갈아 콩비지를 만들어요.

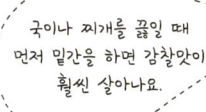

국이나 찌개를 끓일 때 먼저 밑간을 하면 감찰맛이 훨씬 살아나요.

3

돼지고기와 배추김치는 한입 크기로 썬 다음 청주와 소금, 후춧가루로 간해서 참기름을 두른 냄비에 볶아요.

4

볶은 고기에 만능 육수를 붓고 2~3분간 끓여요.

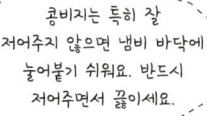

콩비지는 특히 잘 저어주지 않으면 냄비 바닥에 눌어붙기 쉬워요. 반드시 저어주면서 끓이세요.

5

콩비지를 넣고 가끔씩 저어가며 뭉근하게 15분 정도 끓여요.

6

국간장으로 간해서 마무리해요.

고추장 육회

밥반찬은 물론, 술안주로도 훌륭한 고추장 육회. 한번도 만들어본 적이 없어서 고민이라면 홍신애의 황금비율로 고추장 양념장을 만들어 보세요. 꿀맛이란 바로 이런 맛이랍니다.

재료

소고기(육회용으로 썬 것) 150g, 깻잎 4장,
양념장(고추장 4숟가락 + 설탕 4숟가락 + 간장 2숟가락 + 청주 1숟가락 + 흑초 1숟가락 + 다진 마늘 1/2숟가락 + 참기름 1/2숟가락 + 후춧가루 약간)

1 깻잎은 흐르는 물에 씻어 물기를 뺀 다음 얇게 채 썰어요.

2 볼에 소고기와 섞어 둔 **양념장**을 넣고 버무려요.

> 육회를 양념할 때는 반드시 비닐장갑을 끼고 해야 세균이 번식되는 것을 막을 수 있어요.

> 양념장은 분량의 재료를 넣고 미리 섞어 두세요.

3 접시에 육회를 담고 채 썬 깻잎을 올려 완성해요.

버섯 메추리알 장조림

메추리알에 버섯을 넣고 장조림으로 만들어보세요. 버섯을 잘 먹지 않는 분도 버섯의 쫄깃한 식감과 은은하게 달달한 장조림의 양념 맛 때문에 잘 먹어요. 아이들 밥반찬으로 강추합니다.

재료
미니 새송이버섯 1줌(약 80g), 삶아서 껍질 벗긴 메추리알 30개, 마늘 8쪽, 청양고추 1개, **조림 양념**(간장 6순가락 + 설탕 3순가락 + 청주 4순가락 + 물 1컵)

조림 양념은 분량의 재료를 넣고 미리 섞어 두세요.

냄비에 메추리알과 **조림 양념**을 반만 넣고 끓여요.

조림을 만들 때는 약한 불로 뭉근하게 끓여야 색이 골고루 곱게 나와요. 센 불로 조리면 바닥 쪽은 타서 눌어붙을 수 있어요.

국물이 졸아들면 버섯과 나머지 **조림 양념**을 넣고 색이 나도록 약한 불로 조려요.

마늘과 청양고추를 넣고 5분 정도 졸여 마무리해요.

홍신애의 꿀팁

버섯은 좋은 균이 눈에 보이게 크게 모여 있는 식재료예요. 그래서 물을 흡수하면 식감이 줄어들고 쉽게 상해요. 물로 씻지 말고 키친타월로 닦아서 사용하세요. 부득이하게 씻어야 한다면 요리하기 직전 흐르는 물에 재빨리 헹구세요.

가을 정식 2
autumn table

콩나물무침

매콤 꽃게볶음(칠리 크랩)

한우 양지머리 사골국

autumn table

한우 양지머리 사골국

한우 양지머리와 사골을 오랫동안 푹 고면 맑고 투명한 국물이 우러나와요. 고기 본연의 맛이 잘 살아 있는 사골국을 집에서도 끓여보세요. 정성이 가득 담긴 고깃국 맛에 푹 빠질 거예요.

재료 소고기(양지머리) 300g, 사골 1kg, 물 6리터, 대파 1대, 마늘 4쪽, 양파 1개,
고기 양념(다진 마늘 1숟가락 + 참기름 2숟가락 + 후춧가루 약간 + 국간장 1숟가락)

고기의 핏물을 뺄 때는 중간에 한 번 이상 물을 갈아주세요.

1
소고기와 사골은 찬물에 2~6시간 이상 담가 핏물을 빼요.

중간 중간 뜨는 기름을 제거해주세요.

2
찬물에 소고기와 사골, 양파, 대파, 마늘을 넣고 2시간 정도 센 불로 끓여요.

3
잘 익은 소고기는 건져서 결대로 찢어 놓고, 사골 육수에 다시 찬물을 붓고 센 불로 1시간가량 끓이다가 중간 불로 줄여 2~4시간 정도 푹 끓여요.

4
찢어 놓은 소고기는 분량의 재료를 넣고 미리 섞어 둔 **고기 양념**에 버무리고 상에 낼 때 사골국 위에 올려요.

홍신애의 꿀팁

사골국을 끓이면 흔히 생각하는 하얀 우윳빛 국물이 바로 나오지는 않아요. 처음에는 맑은 국처럼 투명한 국물이 나오다가, 3차 정도 끓이면 우윳빛의 하얀 국물이 우러나와요. 그런데 우윳빛이 우러날 정도까지는 먹지 않는 게 좋아요. 저는 하루 끓여서 사골국을 먹고, 그 다음 날 한번 더 끓여서 사골국으로 먹거나 이 국물로 뭇국이나 시래기 된장국, 미역국 등을 만들어 먹어요. 사골 국물을 베이스로 해서 다양한 국을 만들면 맛이 깊고 부드러워요.

매콤 꽃게볶음 (칠리 크랩)

게는 껍데기에도 영양이 풍부하기 때문에 껍데기째 먹는 게 좋다고 해요. 작은 꽃게를 통째 튀겨서 껍데기까지 먹어보세요. 아삭아삭 씹어 먹으면 고소한 맛에 자꾸 손이 간답니다.

재료
작은 냉동 꽃게 500g, 전분 1컵, 다진 쪽파 약간, 소금 약간, 후춧가루 약간, 튀김기름 적당량, **양념장**(다진 마늘 1숟가락 + 다진 청양고추 4숟가락 + 다진 홍고추 4숟가락 + 간장 3숟가락 + 설탕 3숟가락 + 식초 3숟가락 + 두반장 1숟가락 + 참기름 1숟가락)

1. 꽃게는 흐르는 물에 씻고, 딱딱한 등딱지와 입 부분을 제거한 다음 4~6등분해요.

꽃게 손질하는 방법은 117쪽을 참고하세요.

2. 꽃게는 소금과 후춧가루로 간한 다음 전분을 넣고 버무려 튀김옷을 입혀요.

3. 180℃로 달군 튀김기름에 꽃게를 노릇하게 속까지 튀겨요.

집게발까지 먹으려면 완전히 튀겨야 바삭하고 부드러워요.

4. 달군 팬에 분량의 재료를 넣고 끓여 **양념장**을 만들어 튀긴 게를 넣고 버무리듯 볶은 다음 다진 쪽파를 올려 마무리해요.

콩나물무침

1년 내내 비타민 공급원인 콩나물 반찬. 몸값은 저렴하지만, 영양만큼은 어디에 내놓아도 손색이 없을 만큼 우수해요. 마트에 가면 항상 장바구니를 한자리 차지하는 콩나물로 밥상을 차려 봅니다.

재료

콩나물 1과1/2줌(150g), 다진 마늘 1/3숟가락, 고춧가루 1/5숟가락, 간장 1/2숟가락, 소금·통깨 약간씩, 참기름 1숟가락

1. 콩나물은 지저분한 것만 다듬어 씻어요.

콩나물을 데칠 때는 소금을 넣지 마세요. 콩나물 맛이 빠져나가고 얇아져요.

2. 끓는 물에 콩나물을 넣고 30초 정도 데쳐요.

홍신애의 꿀팁

콩나물 대신 숙주나물을 무칠 때 담백한 맛을 살리고 싶다면 고춧가루만 빼서 똑같이 양념하세요. 하지만 콩나물무침과 같은 양념으로 숙주나물을 만들어도 좋아요.

3. 콩나물의 물기를 뺀 다음 다진 마늘을 넣어 뜨거울 때 재빨리 버무려요.

4. 소금과 간장, 고춧가루, 참기름을 넣어 버무린 다음 통깨를 뿌려 마무리해요.

LA갈비

부추 간장양념을
곁들인 연두부

꽃게 된장찌개

가을 정식

autumn table 3

홈메이드 두부&두유

autumn table

꽃게 된장찌개

선선한 바람이 불기 시작하면 살이 통통하게 오른 각종 해산물이 우리의 식탁을 풍성하게 만들어줘요. 가을에 빼놓으면 섭섭한 꽃게는 탕으로 끓이면 꽃게 껍데기의 좋은 성분이 우러나와 영양적으로 좋아요.

재료 꽃게 1마리, 두부 1/3모, 양파 1/2개, **만능 육수** 2와1/2컵, 애호박 1/4개, 청양고추 1개, **양념**(된장 2숟가락 + 다진 마늘 1숟가락 + 소금 약간 + 고춧가루 1숟가락 + 청주 2숟가락 + 고추장 1/2숟가락)

*만능 육수는 22쪽 참고, 없을 때는 멸치 우린 물로 대체해도 됩니다.

1 꽃게는 손질해서 몸통과 등딱지를 분리한 다음 몸통을 4등분해요.

(꽃게 손질하는 방법은 117쪽을 참고하세요.)

2 양파와 애호박, 두부는 한입 크기로 얄팍하게 썰고, 청양고추는 송송 둥글게 썰어요.

3 만능 육수에 분량의 재료를 섞어 만들어 둔 **양념**을 넣고 끓여요.

4 끓는 된장 국물에 양파와 애호박, 두부, 청양고추를 넣어 끓여요.

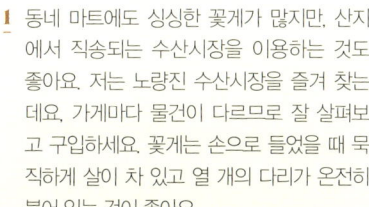

홍신애의 꿀팁

1 동네 마트에도 싱싱한 꽃게가 많지만, 산지에서 직송되는 수산시장을 이용하는 것도 좋아요. 저는 노량진 수산시장을 즐겨 찾는데요. 가게마다 물건이 다르므로 잘 살펴보고 구입하세요. 꽃게는 손으로 들었을 때 묵직하게 살이 차 있고 열 개의 다리가 온전히 붙어 있는 것이 좋아요.

2 부재료만 살짝 바꿔서 봄에는 달래·냉이 된장찌개, 여름에는 조개·돼지호박 된장찌개, 가을에는 꽃게·차돌 된장찌개, 겨울에는 삼겹살 된장찌개를 만들어보세요.

5 꽃게를 넣고 팔팔 끓여서 마무리해요.

LA갈비

달콤하고 짭조름하게 양념된 LA갈비를 양손에 들고 뜯었던 추억이 깃들어 있는 요리예요. 온 가족이 둘러앉아 뼈를 쏙쏙 발라 먹는 재미까지 있는 갈비 요리가 오늘의 주인공입니다.

재료

LA갈비 6대(약 500g), 포도씨유 1숟가락,
갈비 양념(간장 2숟가락 + 설탕 1/5숟가락 + 청주 2숟가락 + 사과 주스 1숟가락 + 참기름 1숟가락 + 다진 마늘 1/2숟가락 + 후춧가루 약간 + 통깨 1/2숟가락)

1 이 과정을 거쳐야 뼛가루가 씹히는 것을 방지해요.

LA갈비는 물에 담가 뼈를 문질러가며 씻은 다음 흐르는 물에 다시 씻어요.

2

LA갈비의 살 부분을 망치나 칼등로 두드려 연하게 펴요.

3 꼭 30분 이상은 숙성시키세요. 12시간 냉장 숙성이 가장 맛있어요.

분량의 재료를 섞어 미리 **갈비 양념**을 만들어 두었다가 LA갈비에 발라 30분 이상 재워요.

4 포도씨유를 두르고 구우면 고기가 한층 부드러워요.

달군 팬에 포도씨유를 두르고 양념한 LA갈비를 앞뒤로 노릇하게 구워요.

부추 간장양념을 곁들인 연두부

마땅한 반찬이 없는데 급하게 상을 차려야 할 때가 있잖아요. 간장 양념만 뚝딱 만들면 상에 낼 수 있는 반찬이 있어요. 맛도 영양도 좋아서 우리 가족 모두 좋아하는 반찬이에요.

재료
연두부(또는 모두부) 1모, 풋고추 1/2개, 홍고추 1/2개, 부추 1/4줌,
간장 양념장(간장 2숟가락 + 다진 마늘 1/3숟가락 + 설탕 1숟가락 + 참기름 1숟가락 + 후춧가루 약간)

1 큰 볼에 두부가 완전히 잠기게 담그고 전자레인지에 2분 정도 돌린 다음 물기를 완전히 빼요.

2 풋고추와 홍고추는 다지고 부추는 잘게 썰어요.

홍신애의 꿀팁
간장 양념장에 미나리를 송송 썰어 넣으면 향긋한 미나리 간장이 돼요. 잘 구운 재래김에 곁들이면 아주 맛있어요.

3 다진 채소에 분량의 재료를 넣고 미리 섞어 둔 **간장 양념장**에 섞어 양념장을 만들어요.

4 두부를 한입 크기로 썰어 **3**의 간장 양념장을 얹어 내요.

레시피 하나 더

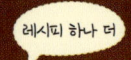

홈메이드 두부 & 두유

집에서도 두부를 직접 만들 수 있다는 사실을 아세요? 한 번쯤 직접 만든 두부를 맛보면 어떨까요. 당연히 수고스럽지만, 맛으로 그 수고에 대한 충분한 보상을 해줄 거예요.

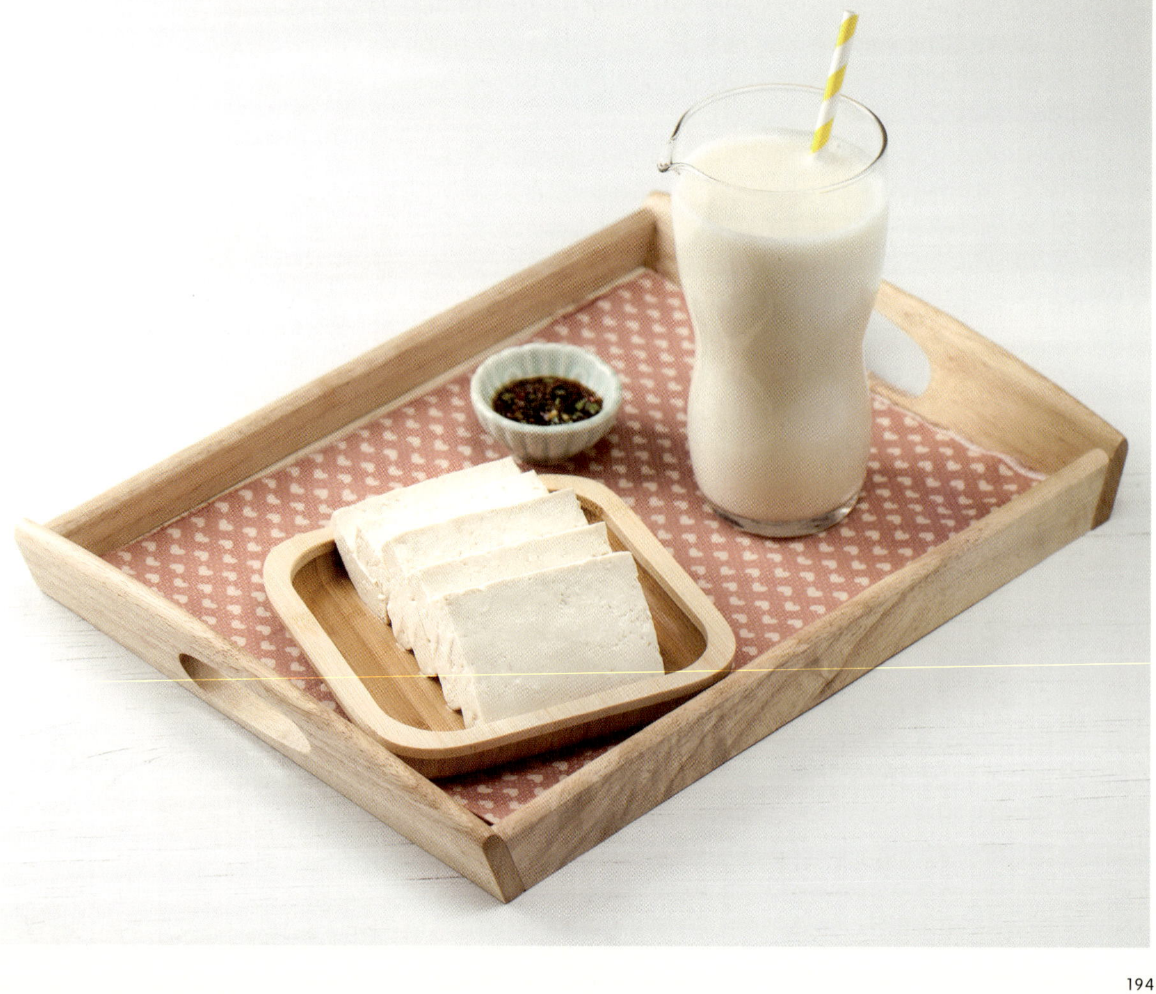

재료 메주콩 400g, 물 6컵, 간수 1/2컵

껍질을 완전히 제거할 필요는 없지만 껍질이 많으면 맛이 텁텁해요.

메주콩은 잘 씻어서 6시간 정도 불려요.

메주콩의 껍질을 벗겨요.

믹서에 메주콩을 넣고 콩 불린 물을 조금씩 넣어가며 갈아요.

베보자기에 담아 콩물만 짜요.

이게 바로 홈메이드 두유랍니다!

간수가 없으면 소금과 식초, 물을 넣어 간수 대체용을 만들어 사용할 수 있어요.

냄비에 콩물을 붓고 눌어붙지 않게 저어가며 약한 불로 끓여요.

불을 끄고 간수를 넣은 다음 15분간 식혀요.

6을 두부 틀에 넣고 눌러 물기를 짜서 두부 모양을 만들어요.

가을 정식

autumn table **4**

소고기 뭇국

간장 새우

연근조림

호박고지 들깨나물

autumn table

간장새우

요즘은 게장보다 새우장이 대세인 것 같아요. 새우가 제철인 가을에 새우장을 담가보세요! 일등 밥도둑이랍니다. 간장 국물에 달걀 프라이를 넣고 밥을 비벼 먹어도 정말 맛있어요.

재료 살아 있는 흰다리새우 20마리,
양념장(간장 2컵 + 청주 1컵 + 설탕 1컵 + 통후추 1/2큰술 + 청양고추 10개 + 홍고추 1개 + 마늘 10쪽 + **다시마 가츠오부시 국물** 1컵 + 생강 1톨 + 월계수 잎 2장)
* 다시마 가츠오부시 국물 만들기는 아래 팁을 참고하세요.

다리를 깨끗이 씻고, 등 부분에 있는 내장을 이쑤시개로 빼내요.

새우는 손질해서 흐르는 물에 씻어요.

냄비에 분량의 **양념장**을 넣고 팔팔 끓여서 식혀요.

새우를 밀폐용기나 항아리에 담고 끓여서 식혀 둔 **양념장**을 부어 실온에서 하룻밤 두었다가 냉장 보관해요.

2일 지나 바로 먹어요.

홍신애의 꿀팁

1 **다시마 가츠오부시 국물 만들기** 다시마를 넣고 20분 정도 끓인 다음 불을 끄고 가츠오부시를 넣고 5분 지나 다시마와 가츠오부시를 건져내세요.
2 **전복장 만들기** 전복을 손질해서 10분 정도 찐 다음 칼집을 내요. 간장 새우를 만드는 양념장을 붓고 숙성시키면 선물용으로도 좋은 전복장을 만들 수 있어요.

autumn table

소고기 뭇국

예전에는 말갛게 끓이는 소고기 뭇국 한 그릇이면 참 행복했어요. 지금도 소고기 뭇국에 밥 한 그릇을 말아 먹으면 기분이 좋아져요. 뜨거운 국을 먹으면서 시원하다고 하셨던 어른들 말씀에 고개가 끄덕여지네요.

재료 무 1/4개, 소고기(양지머리) 1줌(약 100g), 쪽파 1뿌리, **만능 육수** 4컵, 국간장 1/2숟가락, 청주 1/2숟가락, 소금 1/3숟가락, 후춧가루 약간, 포도씨유 적당량, 다진 마늘 1/2숟가락

*만능 육수는 22쪽 참고, 없을 때는 멸치 우린 물로 대체해도 됩니다.

무는 얄팍하게 썰고 쪽파는 손가락 두 마디 길이로 썰어요.

소고기는 작고 네모지게 썰어 청주와 국간장을 넣고 버무려요.

냄비에 포도씨유를 두르고 소고기를 넣고 센 불에 살짝 볶아요.

고기의 겉면이 익으면 만능 육수와 무를 넣고 끓여요.

중간 불에서 5분 정도 끓이다가 다진 마늘을 넣고 소금과 후춧가루로 간한 다음 쪽파를 넣고 30초 정도 끓여 완성해요.

레시피 하나 더

오징어 뭇국

국물이 시원한 걸로 치면 오징어 뭇국 만한 게 없지요. 특별한 요령이 없어도 누구나 만들 수 있어요.

재료

무 1/6개, 오징어 1마리, 쪽파 1뿌리, **만능 육수** 4컵, 국간장 1/2숟가락, 청주 1/2숟가락, 소금 1/3숟가락, 후춧가루 약간, 참기름 1숟가락, 다진 마늘 1/2숟가락

* 만능 육수 만드는 법은 22쪽 참고, 없을 때는 멸치 우린 물로 대체해도 됩니다.
* 오징어는 160쪽을 참고해서 미리 손질하세요.

1 무는 얄팍하게 썰고 쪽파는 손가락 두 마디 길이로 썰어요.
2 오징어는 손질해서 먹기 좋은 크기로 썰고 청주와 국간장을 넣어 버무려요.
3 냄비에 참기름을 두르고 오징어를 살짝 볶아요.
4 오징어의 겉면이 익으면 만능 육수와 무를 넣어요.
5 중간 불로 5분 정도 끓이다가 다진 마늘을 넣고 소금과 후춧가루로 간한 다음 쪽파를 넣고 30초 정도 끓여 완성해요.

호박고지
들깨나물

나이가 들면서 들깨가 점점 좋아지더라고요. 아이보다는 어른들이 좋아하는 반찬이에요. 들깨물을 넣어 촉촉하게 만든 호박고지나물을 먹어보면, 말린 나물이 이렇게 부드러울 수 있는지 놀랄 거예요.

재료

호박고지 1줌(약 80g), 다진 마늘 1/2숟가락, 들깨가루 4숟가락, 간장 2숟가락, 식용유 2숟가락, 들기름 2숟가락, 물 1컵

1. 호박고지는 1시간 동안 불려 물기를 짜요.

2. 들기름과 간장을 잘 섞은 다음 불린 호박고지에 넣고 버무려 밑간해요.

3. 물에 들깨가루를 풀어 체에 한번 내려 들깨물을 준비해요.

4. 식용유를 두른 팬에 다진 마늘과 밑간한 호박고지를 넣고 볶다가 들깨물을 넣고 졸이듯이 볶은 다음 들기름을 살짝 둘러 마무리해요.

autumn table

연근조림

뿌리채소가 몸에 좋다고 하잖아요. 식이섬유가 많아 장 건강에 좋은 연근조림을 만들 때 저는 물엿을 넣지 않고 살짝 더 졸여요. 물컹거리지 않고 연근의 아삭한 식감을 느낄 수 있어 맛있어요.

재료 연근 1개(600g), 참기름 1숟가락, 물 3컵, 식초 1/2컵, 통깨 약간,
조림 양념(간장 1/2컵 + 설탕 6숟가락 + 청주 1/2컵 + 물 1/2컵)

연근은 식초를 탄 물에 미리 담가 두거나 삶아서 흐르는 물에 씻은 다음 모양을 살려 도톰하게 썰어요.

냄비에 물 3컵과 식초 1/2컵을 넣고 끓기 시작하면 연근을 넣고 20분간 끓인 다음 꺼내요.

조림 양념은 분량의 재료를 넣고 미리 섞어 두세요.

냄비에 **조림 양념**과 연근을 넣고 설탕이 녹을 때까지 저으면서 끓이면 연근조림에 윤기가 나요.

국물이 반 이상 줄어들면 참기름을 두르고 통깨를 뿌려 마무리해요.

홍신애의 꿀팁

1. 저는 뿌리채소로 음식을 만들 때 먼저 식초 탄 물에 한번 삶아요. 갈변도 방지하고 아삭한 식감도 유지하거든요. 뿌리에 있을지도 모르는 독소를 제거하는 역할도 한다고 하니 반드시 식초 탄 물에 담가 두거나 삶아서 요리하세요.
2. 한입에 쏙 들어가는 알감자도 연근조림과 같은 방법으로 조려보세요. 맛깔스러운 밑반찬이 될 거예요.

버섯 잡채

가을 정식 5
autumn table

갈치조림

맑은 콩나물국

갈치조림

가을이 되면 몸과 마음이 바빠져요. 여기저기 제철 맞은 식재료가 풍성하기 때문이에요. 포실포실 살이 통통한 갈치와 큼직한 무를 넣고 매콤하게 조려보세요. 멀리 제주도까지 가지 않아도 맛난 갈치조림을 즐길 수 있어요.

재료

갈치 1마리, 무 1/8개, 물 1/2컵, 풋고추 2개, 소금 약간, **갈치 양념장**(고춧가루 2숟가락 + 다진 마늘 1숟가락 + 고추장 1숟가락 + 간장 2숟가락 + 설탕 2숟가락 + 청주 2숟가락 + 다진 생강 1숟가락 + 다진 파 1숟가락 + 후춧가루 약간 + 통깨 약간)

1 무는 껍질을 벗겨 도톰하게 썰고 풋고추는 어슷하게 썰어요.

2 냄비에 물과 소금을 넣고 끓어오르면 무를 넣고 1~2분간 끓여요.

갈치 양념장은 분량의 재료를 넣고 미리 섞어 두었다가 사용하고 반드시 뚜껑을 열고 조려야 비린 맛이 날아가요.

3 갈치와 **갈치 양념장**을 켜켜이 올리고 약한 불로 조리다가 중간 불로 올려서 뚜껑을 덮고 5분간 조려요.

4 풋고추를 넣고 1~2분간 끓인 다음 불을 끄고 마무리해요.

버섯 잡채

잡채는 여러 가지 채소를 채 썰어 한데 섞어서 만드는 데서 유래한 전통 음식이에요. 잡채에는 당면이 들어가야 한다는 선입견을 버리면, 더 건강하고 맛있는 잡채를 만들 수 있어요.

재료
느타리버섯 6덩이(약 120g), 마른 표고버섯 3개, 팽이버섯 1봉, 양파 1/2개, 청피망 1개, 홍피망 1/4개, 포도씨유 1숟가락, 소금·후춧가루 약간씩.
양념장(참기름 2숟가락 + 간장 1숟가락 + 설탕 1숟가락 + 다진 마늘 1/3숟가락)

1. 느타리버섯은 가늘게 찢어요. 마른 표고버섯은 물에 불려 짜고 기둥을 잘라 얇게 채 썰어요. 팽이버섯은 밑동을 자르고 가닥가닥 떼요.

2. 양파와 청피망, 홍피망은 얇게 채 썰어요.

청피망과 홍피망은 씨를 제거해야 쓴맛이 나지 않아요.

3. 달군 팬에 포도씨유를 두르고 채 썬 양파와 청피망, 홍피망을 넣고 볶다가 느타리버섯과 표고버섯을 넣고 볶아요.

4. 분량의 재료를 넣고 미리 섞어 둔 **양념장**을 넣고 재빨리 뒤적이면서 볶다가 팽이버섯을 넣고 불을 끈 다음 소금과 후춧가루로 간해요.

autumn table

맑은 콩나물국

맑은 콩나물국을 보면 왠지 마음이 넉넉해지는 것 같아요. 깔끔하게 끓이는 콩나물국을 시원하게 후루룩 들이켜면 기분이 좋거든요. 매운 양념만 살짝 더하면 얼큰한 콩나물국도 끓일 수 있어요.

재료 콩나물 2줌(약 200g), 국물용 멸치 6마리, 다시마(10×10cm) 1장, 물 5컵, 다진 마늘 1/3숟가락, 소금 1/3숟가락

1. 달군 팬에 멸치를 살짝 볶아 비린내를 없애요.

전자레인지에 30초 동안 돌려도 돼요.

2. 냄비에 다시마와 멸치, 물을 넣고 15분 정도 끓여 육수를 내고 다시마는 건져내요.

3. 콩나물은 지저분한 것을 다듬어 씻어요.

4. 육수가 끓으면 콩나물을 넣고 뚜껑을 열고 3~4분간 푹 끓여요.

5. 콩나물이 익으면 뚜껑을 열고 다진 마늘과 소금으로 간해서 마무리해요.

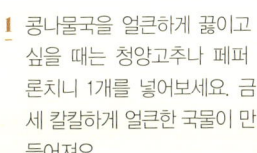

홍신애의 꿀팁

1. 콩나물국을 얼큰하게 끓이고 싶을 때는 청양고추나 페퍼론치니 1개를 넣어보세요. 금세 칼칼하게 얼큰한 국물이 만들어져요.
2. 콩나물을 다듬을 때 머리와 꼬리는 영양이 풍부하니 떼지 마세요.

멸치 강된장

자반고등어구이

파래무침

가을
정식

autumn table

멸치 강된장

강된장의 맛을 알기 시작할 즈음 어른이 된 느낌이에요. 짜지 않게 만든 강된장은 여러 가지 재료가 듬뿍 들어가 충분히 한 끼 잘 먹을 수 있어요.

재료 멸치 12마리, 청양고추 2개, 양파 1/2개, **만능 육수** 1컵,
강된장 양념(된장 4 숟가락 + 청주 2숟가락 + 국간장 1/2숟가락 + 고춧가루 1숟가락)
*만능 육수는 22쪽 참고, 없을 때는 멸치 우린 물로 대체해도 됩니다.

손질한 멸치는 잘게 썰어 마른 팬에 볶아요.

청양고추는 잘게 썰고 양파도 다져요.

분량의 재료를 섞어 **강된장 양념**을 만들어요.

냄비에 섞어 둔 **강된장 양념**과 멸치, 청양고추, 양파를 넣고 고루 섞어요.

만능 육수를 붓고 중간 불로 적당히 되직한 농도가 될 때까지 끓여서 완성해요.

홍신애의 꿀팁

강된장 만드는 방법은 집집마다 다른데 멸치 대신 소고기 차돌박이나 새우 등을 넣기도 해요. 저는 고등어를 먹기 좋은 크기로 잘라 팬에 구운 다음 간된장을 넣어요. 고등어의 야들야들하게 씹는 맛과 짭조름한 된장 양념이 어우러져서 참 맛있어요. 이름하여 고등어 강된장이랍니다!

자반고등어구이

생선 가게에 가면 만만하게 눈에 들어오는 생선이 고등어예요. 성장기 아이들과 열심히 일하는 직장인들은 일주일에 한두 번 등 푸른 생선을 먹어야 한다잖아요. 고등어를 촉촉하고 맛있게 굽는 방법을 알려드릴게요.

재료

자반고등어 1마리, 쌀뜨물 2컵, 마늘 4쪽, 포도씨유 적당량

통통하게 살이 오른 고등어를 쌀뜨물에 살짝 담갔다가 물기를 제거해요.

달군 팬에 포도씨유를 두르고 마늘을 노릇하게 구워요.

껍질 쪽을 먼저 익혀야 부서지지 않고 맛있게 구워져요.

고등어의 껍질 쪽을 먼저 구운 다음 뒤집어서 살 쪽을 마저 구워서 마무리해요.

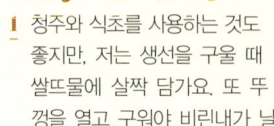
홍신애의 꿀팁

생선을 비린내 없이 굽기

1 청주와 식초를 사용하는 것도 좋지만, 저는 생선을 구울 때 쌀뜨물에 살짝 담가요. 또 뚜껑을 열고 구워야 비린내가 날아가지만, 종이포일을 살짝 덮어서 구워도 좋아요.
2 쌀뜨물 대신 막걸리를 사용해도 좋은데, 비린내도 제거하고 살도 부드러워져요.

파래무침

파래무침을 먹을 때면 바다의 영양 덩어리를 먹는 것 같아 기분이 좋아져요. 더구나 새콤달콤하게 맛있는 파래무침을 어찌 거부할 수 있겠어요. 상큼한 바다 내음을 가득 머금은 파래무침을 만들어보세요.

재료

파래 1줌(약 150g), 무 1/4개, 소금 1/2숟가락, 식초 1숟가락, 설탕 1숟가락, **무침 양념**(국간장 1숟가락 + 식초 1숟가락 + 설탕 1/2숟가락 + 다진 마늘 약간)

1

파래는 찬물에 흔들어 여러 번 헹궈 이물질을 제거한 다음 물기를 꼭 짜서 한입 크기로 잘라요.

2

무는 채 썰어 소금과 식초, 설탕에 절인 다음 물기를 짜요.

3

볼에 파래와 무, **무침 양념**을 넣고 파래를 살살 풀어가며 버무려요.

무침 양념은 분량의 재료를 넣고 미리 섞어 두세요.

규동(소고기 덮밥)

서울식 파육개장

토란대 마늘볶음

가을 정식

autumn table 7

autumn table

규동(소고기 덮밥)

규동은 일본에 가야만 맛볼 수 있는 건 아니잖아요. 일본의 규동을 홍신애 스타일로 만들어볼까요? 일본에서 먹은 것보다 훨씬 더 맛있는 규동을 맛볼 수 있을 거예요.

재료 소고기(불고기용) 300g, 밥 2공기, 양파 1/2개, 양송이버섯 4개, 쪽파 1뿌리, 달걀 1개, 만능 육수 1/2컵, 포도씨유 적당량, 후춧가루 약간.
불고기 양념(간장 1숟가락 + 설탕 1숟가락 + 청주 1/2숟가락 + 참기름 1/4숟가락 + 과일 주스 1/2숟가락 + 다진 마늘 1/4숟가락 + 물 1/4숟가락 + 통깨 약간 + 후춧가루 약간)

1. 양파와 쪽파, 양송이버섯은 한입 크기로 썰어요.

2. 소고기는 칼등으로 살짝 두드려요. 분량의 재료를 넣고 **불고기 양념**을 미리 만들어 두었다가 소고기에 넣고 버무려요.

3. 냄비에 포도씨유를 두르고 센 불에서 양념한 소고기를 볶다가 양파와 쪽파, 양송이버섯을 넣고 볶아요.

4. 고기가 반 정도 익으면 만능 육수를 붓고 끓인 다음 달걀을 올리고 만능 육수를 끼얹어가며 달걀을 익혀요.

5. 밥 위에 끓인 소고기를 올리고 후춧가루를 뿌려 마무리해요.

autumn table

서울식 파육개장

우리 집 단골 메뉴인 육개장을 소개할게요. 파 대가리를 하도 많이 넣어 대구탕이라 부르기도 해요. 양지머리를 푹 곤 국물에 달큰한 대파와 숙주나물을 듬뿍 넣으면 시원하면서도 감칠맛이 돌아요.

재료 소고기(양지머리) 300g, 물 10컵, 대파(흰 부분) 6대, 달걀 2개, 양파 1개, 마늘 5쪽, 숙주나물 3줌, **양념장**(고춧가루 3숟가락 + 다진 마늘 1숟가락 + 참기름 2숟가락 + 후춧가루 약간 + 국간장 4숟가락 + 소금 약간 + 밀가루 1숟가락)

소고기는 찬물에 담가 핏물을 뺀 다음 냄비에 물과 마늘을 넣어 뚜껑을 덮고 1시간 정도 푹 삶아요.

양파는 채 썰고 대파는 길쭉하게 썰고 숙주나물은 씻어요.

소고기가 익으면 건져서 결대로 찢고 육수를 팔팔 끓여요.

양념장은 분량의 재료를 넣고 미리 섞어 두세요.

소고기에 섞어 둔 **양념장**을 넣고 버무려 양념해요.

끓고 있는 육수에 양념한 고기와 양파, 대파, 숙주나물을 넣고 1시간 정도 푹 끓여요.

상에 내기 전에 달걀물을 조금씩 넣어가며 끓여 마무리해요.

홍신애의 꿀팁

보통 육개장은 고사리와 토란대를 넣고 빨갛게 끓이잖아요. 저는 담백하게 먹는 편이라 육개장도 담백하고 시원하게 끓여요. 그 비법은 파를 정말 듬뿍(!) 넣어서 끓이는 거예요. 파는 끓이면 끓일수록 단맛이 나고, 즙이 우러나와 양지머리의 육질도 훨씬 부드럽게 만들어주거든요. 거기다 아삭아삭 씹히는 맛이 좋은 숙주나물을 듬뿍 넣으면 맛있는 육개장이 완성되지요.

토란대 마늘볶음

추석 무렵이면 토란대가 사람 키만큼 훌쩍 커서 깜짝 놀라곤 하지요. 토란대는 식이섬유의 보고라 할 만큼 풍부해요. 저는 토란대를 마늘을 넣어 간단하게 양념해서 볶아 먹는데, 쫄깃한 식감이 맛있어요.

재료

토란대 200g, 마늘 4쪽, 포도씨유 적당량, 소금·후춧가루 약간씩, 검은깨 1숟가락,

볶음 양념(고추장 2숟가락 + 식초 1숟가락 + 꿀 2숟가락 + 다진 마늘 약간 + 설탕 1숟가락 + 들기름 1숟가락)

1. 토란대는 삶아서 찬물에 적어도 2시간 이상 담가 아린 맛을 뺀 다음 결대로 찢어 먹기 좋은 크기로 잘라요. 마늘은 편으로 썰어요.

2. 달군 팬에 포도씨유를 두르고 삶은 토란대와 마늘을 넣고 물을 부어가며 부드럽게 볶아요.

3. 분량의 재료를 미리 섞어 **볶음 양념**을 만들어요.

4. 접시에 구운 토란대와 마늘을 담고 **볶음 양념**과 검은깨를 뿌려 완성해요.

> 홍신애가 사랑하는 것들 3

사랑해요, 발효식품

저는 요리에 발효식품을 많이 이용해요. 콩, 쌀 등을 발효시키면 원재료에는 없었던 여러 가지 맛과 향, 영양 성분이 나타나요. 원재료가 발효되는 과정에서 유익한 것들이 생기는 거죠. 우리나라 발효식품으로 대표적인 간장, 된장, 고추장이야 두말할 것도 없고, 청주, 흑초, 까나리액젓 같은 것들을 다양하게 사용하고 있어요. 그러고 보니 제가 만든 요리에는 발효식품이 안 들어가는 것을 찾기 힘들 정도네요.

발효식품은 요리에서 잡내를 없애고 깊은 풍미를 주는 등 정말 다양한 기능을 하는데요. 요리를 할 때마다 이런 다양한 발효식품을 만들어주신 지혜로운 선조들에게 얼마나 감사한지 몰라요.

소금은 짠맛만 내지만, 소금 대신 간장이나 된장을 조금 사용하면 짠맛뿐 아니라 더 깊은 맛이 나서 맛있어요. 쌀이 발효된 청주는 알코올 성분이 고기 잡내를 잡아 날려주고 쌀의 발효된 성분이 특유의 풍성한 감칠맛과 단맛을 더해줘요. 현미를 발효시켜 만든 흑초는 돼지고기의 지방을 분해하고 육질을 더 탱탱하게 만들기까지 하고요. 까나리액젓은 발효 성분이 소화에도 도움이 되니 신기하죠?

또 저는 고추장찌개를 끓일 때 고추장만 넣는 게 아니라 된장을 살짝 섞어 사용하는데, 이렇게 몇 가지 발효식품을 함께 넣으면 풍미가 살아나면서 정말 맛있어요. 간장도 한 가지만 사용하는 것이 아니라 여러 가지 간장을 사용하면 서로 보완되면서 맛이 더 좋아진답니다.

여러분도 발효식품을 적극적으로 사용해보세요. 음식 맛을 내는 게 쉬워지고 맛도 풍성해진답니다.

Winter

겨울

굴무침

꼬막무침

굴튀김

매콤한 어묵탕

삼겹살 간장찜

굴전

겨울 정식

winter table

삼겹살 간장찜

오랜 시간 푹 끓여 보드랍고 고소한 삼겹살에 달고 진한 간장 옷을 입힌 홍신애의 시그니처 요리를 소개합니다. 생김새는 한식이지만 스테이크처럼 칼질도 할 수 있어 손님 접대 요리로 추천해요.

재료 돼지고기(통삼겹살) 1kg, 조선부추 1/4단, 양파 1/4개, 풋고추 2개, 생강 2톨, 통계피 1대(작은 것), 물 4컵, 청주 4컵, 통후추 1숟가락,
찜 양념(간장 1/2컵 + 설탕 1/2컵)

냄비에 물과 청주를 넣고 끓어오르면 삼겹살을 넣어요.

분량의 재료를 넣고 찜 양념을 미리 섞어 두세요.

30분 정도 삶아 삼겹살이 익으면 풋고추와 통후추, 생강, 통계피를 넣고 20분간 끓여요. 국물이 반으로 졸아들면 **찜 양념**을 넣어요.

20분간 끓인 다음 국물에서 거품이 나기 시작하면 졸이듯이 약한 불로 줄여 10분 정도 끓여요.

조선부추는 지저분한 것을 손질해 손가락 두 마디 길이로 썰어요. 양파는 얇게 채 썰어 물에 잠시 담갔다가 빼서 물기를 빼고 부추와 함께 섞어서 접시에 깔아요.

삼겹살에 간장이 거무스름하게 배면 불을 꺼요. 삼겹살을 도톰하게 썰어서 부추와 양파 위에 올려요.

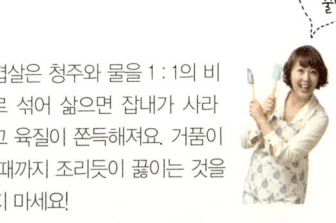

홍신애의 꿀팁

삼겹살은 청주와 물을 1 : 1의 비율로 섞어 삶으면 잡내가 사라지고 육질이 쫀득해져요. 거품이 날 때까지 조리듯이 끓이는 것을 잊지 마세요!

매콤한 어묵탕

어묵탕은 겨울 하면 떠오르는 대표 음식 중 하나예요. 얼큰하게 끓인 뜨끈한 어묵탕은 추위도 잊게 할 만큼 맛있어요. 늦은 밤 술 한잔하고 싶거나 속이 출출할 때 야식으로 먹어도 좋아요.

재료

어묵 300g, 양파 1/4개, 무 1/10개, 청양고추 1/2개, 홍고추 1/3개, 대파 1/3대, 고춧가루 1/2숟가락, 후춧가루 약간, **만능 육수** 4컵.
국물 양념(간장 1숟가락 + 소금 1/3숟가락 + 설탕 1/3숟가락 + 청주 3숟가락)

*만능 육수는 22쪽 참고, 없을 때는 멸치 우린 물로 대체해도 됩니다.

분량의 재료를 넣고 국물 양념을 미리 섞어 두세요.

어묵과 무는 네모지게 썰고 홍고추와 대파는 어슷하게 썰어요. 양파는 도톰하게 썰고 청양고추는 2등분해요.

냄비에 만능 육수를 붓고 무와 청양고추, **국물 양념**을 넣고 끓여요.

홍신애의 꿀팁

저는 어묵을 깐깐하게 고르는 편이에요. 어묵에 생선살이 많이 들어가 있을 것 같지만, 보통 60% 이상이 전분이에요. 쫄깃하긴 하지만 건강하지는 않은 거죠. 그래서 포장을 살펴 동태살이나 오징어 등 해산물의 비율이 높은 제품을 골라요.

국물이 끓기 시작하면 어묵과 양파, 홍고추를 넣고 2~3분간 끓인 다음 대파와 후춧가루, 고춧가루를 넣고 30초간 살짝 끓여 마무리해요.

굴무침

겨울에만 먹을 수 있는 식재료가 있어요. 굴도 겨울이 제철이라 겨울이면 굴을 이용해 다양한 음식을 만드는 편이에요. 신선한 굴은 생으로 먹어도 맛있지만 고추장으로 양념해서 반찬으로 즐겨도 좋아요.

재료
굴 1봉(80g), 무 1/4개, 쪽파 1줌, 풋고추 1개, 홍고추 1개, 통깨 약간.
무침 양념(고춧가루 2숟가락 + 까나리액젓 1숟가락 + 식초 1숟가락 + 설탕 1숟가락 + 소금 약간 + 다진 마늘 약간 + 후춧가루 약간 + 레몬즙 약간)

1. 굴은 소금물이나 쌀뜨물에 살살 흔들어 씻은 다음 체에 밭쳐 물기를 빼요.

무침 양념은 분량의 재료를 넣고 미리 섞어 두세요.

2. 무는 채 썰어 **무침 양념**을 넣고 버무려요.

3. 쪽파는 손가락 두 마디 길이로 썰고 홍고추와 풋고추는 송송 썰어요.

4. 볼에 굴과 양념한 무, 쪽파, 홍고추, 풋고추를 넣고 살살 버무린 다음 통깨를 뿌려요.

레시피 하나 더

굴전

굴전을 만들 때는 살캉한 속살과 살짝 익은 겉면이 조화를 이루게 해서, 굴 특유의 식감을 살리는 게 관건이에요. 굴을 한번 데쳐서 부치면 빨리 익힐 수 있어서 식감이 더욱 좋아져요.

재료

굴 1봉지, 달걀 1개, 물 1과1/2컵, 청주 2숟가락, 밀가루 2숟가락, 포도씨유 2숟가락

초간장(간장 2숟가락 + 식초 1숟가락 + 꿀 약간)

1. 굴은 소금물이나 쌀뜨물에 살살 흔들어 씻은 다음 체에 밭쳐 물기를 빼요.

2. 냄비에 물을 붓고 끓으면 굴과 청주를 넣고 살짝 데쳐요.

물은 아주 소량만 넣는데, 물이 많으면 맛이 없어요.

밀가루를 최대한 탈탈 털어 튀김옷이 두껍지 않게 해주세요.

3. 데친 굴은 식힌 다음 밀가루를 묻히고 푼 달걀에 담갔다가 건져요.

4. 달군 팬에 포도씨유를 두르고 중간 불에서 굴전을 앞뒤로 노릇하게 지져요. 분량의 재료를 섞어 만든 **초간장**을 곁들여 내요.

레시피 하나 더

굴튀김

바삭한 겉과 촉촉한 속이 매력적인 굴튀김, 집에서 쉽게 만들 수 있는 메뉴예요.

재료

굴 1봉지, 튀김옷 밀가루 · 달걀 · 빵가루 · 튀김기름 적당량씩,
굴 양념(간장 1숟가락 + 청주 2숟가락 + 다진 마늘 약간),
타르타르 소스(마요네즈 4숟가락 + 다진 피클 1숟가락 + 삶은 달걀노른자 1개 + 다진 양파 1/2숟가락 + 다진 마늘 약간 + 레몬즙 약간 + 후춧가루 약간 + 파슬리 가루 약간)

1 굴은 소금물이나 쌀뜨물에 살살 흔들어 씻은 다음 체에 밭쳐 물기를 빼요.

굴 양념은 분량의 재료를 넣고 미리 섞어 두세요.

2 굴에 **굴 양념**을 넣고 버무려 다시 체에 밭쳐 물기를 빼요.

튀김옷은 밀가루, 달걀, 빵가루 순이에요.

3 굴은 튀김옷을 입혀 180℃의 튀김기름에 노릇하게 튀겨요.

4 분량의 재료를 섞어 **타르타르 소스**를 만든 다음 굴튀김에 곁들여요.

레시피 하나 더

꼬막무침

그 계절에만 맛볼 수 있는 별미 음식이 있잖아요. 꼬막도 겨울에 제맛을 느낄 수 있는 재료라서 겨울이 되면 꼬막무침을 즐겨 해먹어요. 탱탱한 꼬막 살에 간장 양념만 곁들여도 참 맛이 좋아요.

재료 꼬막 300g, 대파(흰 부분) 1대, 마늘 3쪽, 생강 1톨, 물 3컵, 청주 1컵.
양념장(간장 2숟가락 + 물 2숟가락 + 다진 마늘 1숟가락 + 고춧가루 1/2숟가락 + 다진 파 1/2 숟가락 + 참기름 1/2숟가락 + 후춧가루 약간 + 잘게 썬 영양부추 4숟가락)

1 꼬막은 손으로 박박 문질러 맑은 물이 나올 때까지 씻어요.

2 냄비에 물과 청주를 부어 팔팔 끓으면 대파와 마늘, 생강을 넣어요.

3 꼬막을 넣고 입을 살짝 벌릴 때까지 뚜껑을 열고 저어주다가 뚜껑을 덮고 2분 정도 끓인 다음 건져요.

4 꼬막이 식으면 살이 없는 쪽 껍데기를 숟가락을 이용해 비틀어 떼어내요.

5 분량의 재료를 섞어 **양념장**을 만들어 꼬막 위에 올려 완성해요.

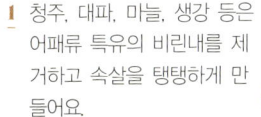
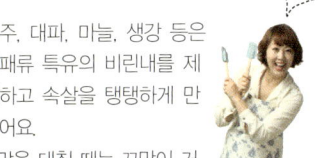

1 청주, 대파, 마늘, 생강 등은 어패류 특유의 비린내를 제거하고 속살을 탱탱하게 만들어요.
2 꼬막을 데칠 때는 꼬막이 거의 잠길 만큼만 물을 부어주세요. 꼬막이 입을 열기 시작하면 바로 꺼내야 하는데, 너무 익으면 맛이 없어져요.

유부두부 미소 된장국

겨울 정식 winter table 2

수제 돈가스
갈릭 매시트포테이토

돈가스 김치냄비

수제 돈가스

어렸을 때는 왜 그렇게 돈가스가 좋았는지 모르겠어요. 무슨 특별한 음식이라도 되는 양 분위기 내곤 했잖아요. 그런데 지금은 집에서 직접 만들어 먹는 돈가스가 훨씬 더 맛있어요.

재료

돼지고기(돈가스용) 2조각(200g), 튀김기름 적당량, 돈가스 소스 적당량, 소금 약간, 후춧가루 약간,
튀김옷(빵가루 1컵 + 달걀 1개 + 밀가루 1/2컵),

1. 돼지고기를 칼등으로 자근자근 두드린 다음 소금과 후춧가루를 앞뒤로 뿌려 밑간해요.

돼지고기를 두드릴 때 지방질이 뭉친 곳은 칼로 끊어주세요.

2. 돼지고기는 밀가루, 달걀물, 빵가루 순으로 **튀김옷**을 입혀요.

3. 180℃의 튀김기름에 노릇하게 튀기고 접시에 담은 다음 돈가스 소스를 뿌려 마무리해요.

홍신애의 꿀팁

홈메이드 돈가스 소스 만들기

돈가스 소스 재료(간장 1컵 + 청주 6숟가락 + 설탕 6숟가락 + 물엿 2숟가락 + 물 1컵 + 사과 1/2개 + 토마토 1/2개 + 식초 4숟가락 + 양파 1/2개 + 파인애플 통조림 2조각 + 생강 1톨)를 냄비에 넣어 재료가 무르도록 푹 끓인 다음 믹서에 곱게 갈아 체에 내리면 완성!

레시피 하나 더

돈가스 김치냄비

일본식 돈가스 전문점이 생겨날 때 가장 신기했던 메뉴였어요. 돈가스가 이렇게 부드러울 수 있다니요! 추운 겨울에 온 가족이 둘러앉아 국물도 즐기면서 돈가스 먹는 재미를 느껴보세요.

재료
튀긴 돈가스 2조각, 양파 1/2개, 청경채 1줌, 잘게 썬 배추김치 1/2컵, **만능 육수** 3컵, 포도씨유 2,
양념(고춧가루 3숟가락 + 국간장 1숟가락 + 다진 마늘 2숟가락 + 다진 생강 1/4숟가락 + 소금 약간 + 청주 1숟가락 + 다진 파 1숟가락)
* 만능 육수는 22쪽 참고, 없을 때는 멸치 우린 물로 대체해도 됩니다.

1. 튀겨 놓은 돈가스를 먹기 좋은 크기로 썰어요.

2. 양파는 채 썰고 청경채는 반으로 갈라요.

신 김치를 사용하면 훨씬 맛있어요.

양념은 분량의 재료를 넣고 미리 섞어 두세요.

3. 팬에 포도씨유를 두르고 썰어 놓은 배추김치와 양파를 넣고 볶다가 만능 육수와 **양념**을 넣고 끓기 시작하면 돈가스를 넣어요.

4. 청경채를 올리고 이파리가 파래지면 불을 꺼요.

winter table

유부두부 미소 된장국

심심하니 담백한 국물 요리가 필요할 때가 있어요. 돈가스집에 가면 후루룩 마시기 좋은 미소 된장국처럼요. 유부와 두부를 잘게 썰어 넣으면 영양적으로도 부족하지 않고요.

재료 미소(일본 된장) 1과1/2숟가락, 잘게 썬 유부 40g, 다시마(10×10cm) 1장, 가다랑어포 1줌, 물 3컵, 국간장 1/2숟가락, 두부 1/8모, 쪽파 1뿌리

찬물에 다시마를 넣고 15분 정도 끓인 다음 다시마를 건져요.

불을 끄고 가다랑어포를 넣고 5분 지나 체에 걸러 육수를 만들어요.

쪽파는 송송 썰고 두부는 작고 네모지게 썰어요. 유부는 뜨거운 물을 끼얹어 물기를 빼요.

미소에 국간장을 넣고 잘 섞어요.

냄비에 **2**의 육수를 붓고 미소를 풀어요.

국물이 끓어오르면 두부를 넣고 1분 뒤 불을 끄고 송송 썬 쪽파와 유부를 넣어 완성해요.

홍신애의 꿀팁

일본 요리에 많이 쓰이는 가다랑어포는 일본어로 가츠오부시라고 해요. 다랑어과의 생선을 말려 가공해서 그 살을 대패로 밀어 만든 거예요. 주로 국물을 내거나 오코노미야키 등의 부침개 고명으로 사용돼요. 가다랑어포를 국물에 넣을 때는 꼭 불을 끈 다음 넣었다가 체에 걸러야 해요. 그래야 진한 국물 맛이 우러나고 쓴맛이 없어요.

레시피 하나 더

두부조림

두부조림은 어른들만 좋아하는 반찬이라는 편견을 깨준 음식이에요. 두부를 한입에 먹기 좋은 크기로 작게 잘라 튀기듯이 지져서 조리면 아이들도 고소한 맛에 잘 먹는답니다.

재료 두부 1모, 찹쌀가루 1/2컵, 검은깨 약간, 포도씨유 1순가락,
조림 양념(간장 1순가락 + 설탕 1순가락 + 식초 1순가락 + 올리브유 1순가락 + 다진 마늘 1/3순가락 + 후춧가루 약간 + 레몬즙 약간 + 참기름 약간)

두부를 기름에 지지는 요리를 할 때는 반드시 수분을 제거해야 기름이 튀지 않고 단단해서 부서지지 않아요.

찹쌀가루가 없으면 밀가루를 사용하세요.

두부는 사방 3cm 크기로 썰어 소금을 뿌려 2~3분간 두어 수분을 뺀 다음 키친타월로 겉면의 수분을 제거해요.

두부에 찹쌀가루를 묻혀요.

조림 양념은 분량의 재료를 넣고 미리 섞어 두세요.

달군 팬에 포도씨유를 두르고 두부를 노릇하게 지져요.

팬에 섞어 둔 **조림 양념**을 모두 넣고 끓어오르면 두부를 넣고 뒤적이면서 조려요.

홍신애의 꿀팁

두부조림에 사용한 조림 간장은 오리엔탈 샐러드드레싱으로도 사용할 수 있어요. 큰 볼에 샐러드 채소를 담고 조림 양념을 뿌리면 건강한 오리엔탈 샐러드를 만들 수 있어요. 여기에 오늘 만든 두부조림을 토핑으로 얹어도 근사한 한 끼가 된답니다.

winter table

갈릭 매시트포테이토

돈가스와 매시트포테이토는 친한 친구처럼 항상 붙어 다녀요. 알싸한 마늘 소스를 넣으면 느끼한 맛이 사라지고 고소한 맛이 배가 되어 어른들도 맛있게 먹을 수 있어요.

재료 감자 2개, 고구마 2개, 마카로니 1줌, 콘 옥수수 2숟가락, 양파 1/4개,
마늘 소스(다진 마늘 2숟가락 + 버터 1숟가락 + 후춧가루 약간 + 소금 약간 + 마요네즈 2숟가락 + 꿀 1숟가락)

마늘 소스는 분량의 재료를 넣고 미리 섞어 두세요.

1
감자와 고구마는 푹 삶아서 껍질을 벗기고 **마늘 소스**를 넣어 으깨요.

2
마카로니는 삶고, 양파는 잘게 썰어요.

3
으깬 감자와 고구마에 삶은 마카로니와 콘 옥수수, 양파를 넣고 고루 섞어요.

홍신애의 꿀팁

매시트포테이토는 넉넉하게 만들어 두면 아침 식사나 간식에 두루 활용하기 좋아요. 모닝롤 안에 매시트포테이토를 넉넉하게 채워 먹으면 속이 든든해서 바쁜 아침 시간에 식사 대용으로 좋아요.

겨울 정식

winter table 3

어깨동무 닭볶음탕

콩자반

황태 해장국

배추전

winter table

어깨동무 닭볶음탕

채소를 많이 넣어 친구들과 어깨를 나란히 한 닭볶음탕을 만들었어요. 우리 집에서는 친근하게 어깨동무 닭볶음탕이라고 부르는데, 닭 못지않게 채소도 맛있는 별미 메뉴랍니다.

재료 닭 다리살 500g, 물 2/3컵, 감자 1/2개, 단호박 1/2개, 당근 1/3개, 포도씨유 적당량, **양념장**(다진 마늘 1숟가락 + 고춧가루 4숟가락 + 고추장 2와1/2숟가락 + 간장 3숟가락 + 청주 4숟가락 + 설탕 1숟가락 + 참기름 1/2숟가락)

1 닭 다리살은 2등분해서 흐르는 물에 씻어요.

볶음용으로 잘라 놓은 닭을 구입하면 편해요. 식성에 따라 뼈가 있는 닭 다리나 가슴살을 이용해도 좋아요.

2 닭고기는 물기를 뺀 다음 달군 팬에 포도씨유를 두르고 겉만 지져요.

이렇게 해야 닭 누린내가 안 나요.

3 감자와 단호박, 당근은 큼직하게 썰고, 물이 끓으면 손질한 닭을 넣고 끓여요.

4 국물이 반으로 줄아들면 **양념장**과 감자, 단호박, 당근을 넣고 끓여요. 국물이 자작해질 때까지 약한 불로 속까지 익혀 마무리해요.

양념장은 분량의 재료를 넣고 미리 섞어 두세요.

홍신애의 꿀팁

1. 저만의 닭볶음탕을 만드는 비법이라면 먼저 닭을 팬에 구워 기름기를 쫙 빼요. 기름기가 많으면 느끼할 수 있는데, 이렇게 하면 훨씬 깔끔하고 매콤한 닭볶음탕을 즐길 수 있어요.
2. 닭볶음탕을 만들고 남은 양념은 각종 요리에 활용할 수 있어요. 낙지볶음이나 오징어볶음같이 매콤한 볶음 요리에도 좋고, 볶음밥에 넣어도 매콤하니 맛있어요. 한번 만들 때 넉넉하게 만들어 두세요.
3. 닭볶음탕처럼 매콤한 음식을 먹을 때 달걀 프라이를 곁들여보세요. 기대 이상의 맛을 선사할 거예요.

황태 해장국

황태를 넣고 시원하게 끓인 국으로 해장만 할 수는 없어요. 저는 평소에도 이 국을 자주 끓여 먹어요. 추운 겨울 얼었다 녹았다를 반복하면서 더 쫄깃해진 황태의 참맛을 알 수 있는 음식이에요.

재료

황태채 2줌, 양파 1/4개, **만능 육수** 4컵, 풋고추 1개, 두부 1/6모, 대파 1/4대, 홍고추 1/4개, 달걀 1개, 소금 약간, 참기름 1숟가락, 물 2숟가락, 다진 마늘 1/3숟가락

*만능 육수는 22쪽 참고, 없을 때는 멸치 우린 물로 대체해도 됩니다.

황태를 불릴 때는 물을 최소한만 사용해야 맛있어요.

1 양파와 두부는 작게 썰고 달걀은 풀어 놓아요. 황태채는 물을 살짝 뿌려 불려요.

2 뜨겁게 달군 냄비에 참기름과 물을 넣고 황태채를 볶아요.

맑은 국보다 매콤하게 먹고 싶을 때는 고춧가루를 넣으면 돼요.

3 만능 육수를 붓고 끓어오르면 다진 마늘과 소금, 양파, 두부를 넣어 5분 정도 끓여요.

4 풋고추와 대파, 홍고추는 어슷하게 썰어서 넣고 좀 더 끓인 다음 달걀을 넣어가며 끓여요.

홍신애의 꿀팁

마지막에 들깨가루 1숟가락을 넣고 3~4분 끓이면 부드러운 황태 들깨탕이 돼요. 들깨의 고소한 맛과 향이 더해져 황태국이 더욱 맛있어져요.

콩자반

콩자반은 우리 식탁에서 기본 반찬인데도, 맛있게 만들기 어렵고 은근 시간이 많이 걸려요. 하지만 만들어 놓으면 든든한 밑반찬이랍니다.

재료

검은콩(서리태) 2컵, 콩 불린 물 5컵, 다시마(10×10cm) 2장, 간장 5숟가락, 설탕 3숟가락, 참기름 1/2숟가락

1. 검은콩은 이물질을 골라내서 깨끗이 씻은 다음 물에 2~3시간 정도 불려요.

2. 냄비에 불린 검은콩을 담고 콩 불린 물과 간장, 설탕, 다시마를 넣어 중간 불로 15분 정도 끓여요.

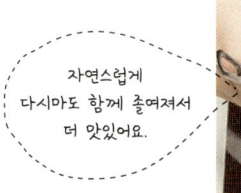

자연스럽게 다시마도 함께 졸여져서 더 맛있어요.

3. 국물이 절반으로 졸아들면 약한 불로 줄이고 10분 정도 끓이는데, 중간 중간 거품을 걷어 내요.

4. 콩에 윤기가 나기 시작하고 국물이 졸아들면 참기름을 두르고 뒤적인 다음 약간 더 조려요.

winter table

배추전

어릴 때는 '왜 어른들은 아무 맛도 없는 이런 음식을 먹는 거지?' 하면서 의아했어요. 어른이 되고 보니, 심심한 듯하면서도 달큰하고, 담백한 맛으로 매콤한 음식과도 잘 어울리는 배추전의 참맛을 알겠더라고요.

재료 배추속대 10장, 밀가루 1/2컵, 물 2/3컵, 덧밀가루 약간, 소금 약간, 달걀 1개, 포도씨유 1순가락.
배추 양념(다진 마늘 1/2순가락 + 간장 1/2순가락 + 참기름 1순가락)

1. 배추는 노란색이 도는 속대로 준비해서 두꺼운 대 부분은 칼의 옆날로 두드려서 숨을 약간 죽여요.

2. 분량의 재료를 섞어 **배추 양념**을 만든 다음 배추의 대 부분부터 발라요.

배추에 먼저 양념을 하는 이유는 밑간을 하면 훨씬 맛있기 때문이에요.

3. 볼에 밀가루와 물, 소금을 넣고 반죽해 배추를 살짝 담갔다 건져요.

4. 달군 팬에 포도씨유를 두르고 배추를 약한 불에서 앞뒤로 지져요.

겨울 정식

winter table 4

견과류 멸치볶음

명란젓구이

시래기 된장국

명란젓구이

톡톡 씹히는 식감이 재밌는 명란젓은 주로 밥에 비벼 먹지만 구워 먹어도 참 맛있어요. 또 술 한잔할 때 안주로 준비해도 손색이 없어요. 술 안주로 먹을 때는 마요네즈를 곁들여보세요.

재료

명란젓 4덩이, 어린잎 채소 1줌(100g), 레몬 1/2개, 포도씨유 적당량, 통깨 약간, 참기름 1숟가락

1

달군 팬에 포도씨유를 두르고 명란젓을 앞뒤로 살짝 구워요.

2

접시에 어린잎 채소와 레몬을 얇게 썰어서 담은 다음 구운 명란젓을 올려요.

3

참기름과 통깨를 뿌려 마무리해요.

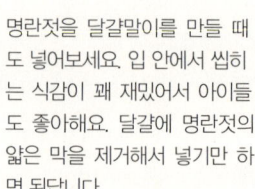

홍신애의 꿀팁

명란젓을 달걀말이를 만들 때도 넣어보세요. 입 안에서 씹히는 식감이 꽤 재밌어서 아이들도 좋아해요. 달걀에 명란젓의 얇은 막을 제거해서 넣기만 하면 된답니다.

시래기 된장국

시래기 된장국을 먹으면 마음이 푸근해져요. 겨울에 따끈한 국을 끓여야 하는데 마땅한 국이 떠오르지 않을 때 만만하게 끓이게 되지요. 그런데 실제로도 시래기가 신경을 안정시키고 다량의 비타민을 공급하는 재료라고 해요.

재료

말린 시래기 1줌, **만능 육수** 4컵, 포도씨유 적당량, **시래기 양념**(된장 2숟가락 + 간장 1숟가락 + 참기름 1/2 숟가락 + 다진 마늘 1숟가락)

* 만능 육수는 22쪽 참고, 없을 때는 멸치 우린 물로 대체해도 됩니다.

1. 말린 시래기를 찬물에 2시간 이상 불린 다음 끓는 물에 넣고 푹 퍼지도록 30분 동안 삶아요.

2. 삶은 시래기를 찬물에 2시간 정도 담가요.

시래기 양념은 분량의 재료를 넣고 미리 섞어 두세요.

3. 시래기의 물기를 꼭 짜서 먹기 좋게 썰고 **시래기 양념**을 넣어 조물조물 버무려요.

4. 포도씨유를 살짝 두른 냄비에 물을 조금씩 넣어가며 시래기를 부드럽게 볶다가 만능 육수를 붓고 푹 끓여요.

winter table

견과류 멸치볶음

밥반찬의 대표 선수라 할 수 있는 멸치에 견과류를 넣었어요. 저는 멸치가 서로 달라붙지 않으면서도 과자처럼 바삭거리는 멸치볶음을 자주 만들어요. 견과를 듬뿍 넣어 영양적으로도 완벽하답니다.

재료 지리멸치 2줌(200g), 아몬드 1/2컵, 호두 1/2컵, 마늘 2쪽, 포도씨유 2숟가락, 참기름 1/2숟가락.

간장 양념 (간장 2숟가락 + 설탕 3숟가락 + 청주 1숟가락 + 다진 마늘 1/2숟가락 + 후춧가루 약간)

간장 양념은 분량의 재료를 넣고 미리 섞어 두세요.

이렇게 양념을 먼저 끓이면 멸치가 딱딱해지지 않아요.

지리멸치와 아몬드, 호두는 잡티를 골라낸 다음 마른 팬에 볶아 비린내를 제거해요.

달군 팬에 포도씨유를 두르고 마늘을 볶아 향을 낸 다음 섞어 둔 간장 양념을 넣고 저어가며 10초간 끓여요.

멸치와 견과류를 넣고 3~4분간 볶다가 불을 꺼요.

참기름을 두르고 버무려서 마무리해요.

지리멸치와 중멸치

홍신애의 꿀팁

지리멸치는 아주 자잘한 멸치로 '실멸치'라고도 불러요. 은색보다는 흰색빛이 더 진하고 저염인 경우가 많으며 가격이 비싼 편이에요. 저는 대나무를 펼쳐놓고 그 사이의 그물에 걸리는 비늘조차 상하지 않은 '죽방멸치'를 주로 사용해요. 중멸치는 지리멸치보다 크기가 두 배 이상 되면서 씹는 맛과 단맛이 있는 것이 특징이에요. 주로 양념을 해서 볶아서 요리해요.

석화 한 접시

겨울 정식

winter table 5

부대찌개

톳조림

winter table

부대찌개

보글보글 식탁에서 끓여 먹는 부대찌개는 끓는 소리만으로도 식욕을 자극해요. 어른들은 얼큰해서 좋아하고 아이들은 스팸이나 소시지를 골라 먹는 재미에 좋아하는 온 가족의 인기 메뉴예요.

재료 프랭크소시지 4개, 배추김치 썬 것 1컵, 쌀뜨물 3컵, 스팸 1/3개, 라면 사리 1개, 두부 1/2모, 양파 1/2개, 슬라이스 치즈 1장, 베이크드빈스(통조림) 1숟가락, 애호박 1/6개, 버터 1/2숟가락,
양념(다진 마늘 1/2숟가락 + 고추장 2숟가락 + 고춧가루 1숟가락 + 간장 1숟가락)

1. 애호박과 양파, 두부는 한입 크기로 먹기 좋게 썰어요.

2. 스팸은 얄팍하게 썰고 프랭크소시지는 어슷하게 썰어요.

3. 쌀뜨물에 먹기 좋은 크기로 썬 김치를 넣고 끓여요.

4. 김치가 푹 익으면 양파와 애호박, 두부, 프랭크소시지, 스팸을 넣고 끓여요.

5. 분량의 재료를 넣고 미리 섞어 둔 **양념**을 만들어서 넣어요.

6. 라면 사리를 넣은 다음 어느 정도 익으면 슬라이스 치즈와 버터, 베이크드빈스를 올리고 살짝 끓여요.

홍신애의 꿀팁

부대찌개를 만들 때 육수 대신 쌀뜨물을 넣어보세요. 이것이 의정부 원조집의 비법이라고 해요. 쌀뜨물은 쌀이 지닌 수용성 비타민이나 전분 성분으로 국물이 구수하고 영양가도 좋아져요. 두 번째 쌀을 씻은 쌀뜨물을 사용하세요.

석화 한 접시

겨울이 제철인 굴은 별다른 조리나 양념 없이 날로 먹어도 정말 맛있어요. 저는 겨울에만 특별한 맛을 선사하는 굴에 직접 만든 칵테일 소스를 곁들여 더욱 특별하게 즐긴답니다.

재료
석화 10개, 쌀뜨물 6컵, 영양부추 8~10줄, 레몬 1/2개,
칵테일 소스(토마토케첩 2숟가락 + 홀스래디시 1숟가락)

굴 껍데기는 꼼꼼하게 씻으세요.

1 석화는 쌀뜨물에 흔들어 깨끗이 씻은 다음 흐르는 물에 헹궈요.

2 분량의 재료로 섞어 **칵테일 소스**를 만들어요.

3 영양부추는 잘게 다져요.

4 접시에 석화를 담고 **칵테일 소스**와 다진 영양부추를 올리고 레몬을 함께 내서 마무리해요.

홍신애의 꿀팁

굴은 마늘 소스와도 잘 어울려요. 두 가지 소스를 함께 내면 어떨까요?
마늘 소스(식초 2숟가락 + 설탕 2숟가락 + 다진 마늘 1숟가락 + 후춧가루 약간 + 소금 약간)

톳조림

톳을 바다의 불로초라 부른다지요. 그만큼 건강에 좋다는 말이에요. 특이한 질감이나 향으로 해조류를 좋아하지 않는다면 조림으로 요리해보세요. 거부감 없이 맛있게 먹을 수 있을 거에요.

재료

톳 2줌(약 200g), 마늘 2쪽, 다시마(5×5cm) 1장, 포도씨유 1순가락, 후춧가루 약간.
조림 양념(간장 3순가락 + 설탕 3순가락 + 청주 2순가락 + 물 1/2컵 + 참기름 1/3순가락)

1. 톳은 찬물에 여러 번 헹궈요.

2. 포도씨유를 두른 팬에 마늘을 볶다가 톳을 넣고 섞어 둔 **조림 양념**과 다시마를 넣고 조려요.

(조림 양념은 분량의 재료를 넣고 미리 섞어 두세요.)

3. 소스가 바특하게 졸면 불을 끄고 후춧가루를 뿌려요.

매생이 굴국

시래기 고등어조림

매콤한 어묵볶음

겨울 정식

winter table 6

winter table

시래기 고등어조림

고등어는 국민 생선이라 할 수 있어요. 손쉽게 굽기만 해도 맛있지만 조려 먹으면 또 다른 칼칼한 맛을 선사하지요. 겨울철 건강을 책임지는 시래기를 넣고 조리면 영양 성분도 보완할 수 있고 맛있게 즐길 수 있답니다.

재료 고등어 1마리, 시래기 1줌, 무 1/8개, 풋고추 1개, **만능 육수** 1컵,
조림 양념(고춧가루 5숟가락 + 간장 4숟가락 + 설탕 1/4숟가락 + 청주 4숟가락 + 다진 마늘 1숟가락 + 고추장 1숟가락 + 다진 파 1숟가락 + 다진 생강 1/4숟가락 + 통깨 약간 + 후춧가루 약간)
* 만능 육수는 22쪽 참고, 없을 때는 멸치 우린 물로 대체해도 됩니다.

1 시래기는 찬물에 2시간 정도 불린 다음 끓는 물에 푹 퍼지게 삶아 찬물에 2시간 정도 담가요.

2 고등어는 머리를 자르고 내장을 꺼낸 다음 흐르는 물에 씻어요. 가위로 지느러미를 자르고 3~4토막으로 잘라요.

3 무는 도톰하게 썰고 풋고추는 어슷하게 썰어요.

4 분량의 재료를 섞어 **조림 양념**을 만들어요.

홍신애의 꿀팁

고등어조림에는 자반 고등어보다는 생물 고등어가 좋아요. 자반고등어를 사용할 경우에는 조림 양념 재료에서 간장의 양을 줄이세요.

5 냄비에 무와 시래기를 깔고 만능 육수를 붓고 중간 불에서 1~2분간 먼저 끓여요.

6 고등어와 풋고추를 넣고 미리 섞어 둔 **조림 양념**을 넣고 중간 불에서 15분간 조려요.

매생이 굴국

저도 매생이를 처음 봤을 때는 '과연 맛있을까?' 하는 생각을 했어요. 생김새 자체가 쉽게 다가가기 힘든 비주얼인 것은 분명하니까요. 그런데 특별한 맛과 풍부한 영양으로 미식가들이 편애하는 식재료라고 하니 꼭 한번 도전해보세요.

재료

매생이 200g, 굴 200g, **만능 육수** 3~4컵, 국간장 1순가락, 다진 마늘 1/2순가락, 참기름 1/3순가락

*만능 육수는 22쪽 참고, 없을 때는 멸치 우린 물로 대체해도 됩니다.

매생이를 체에 담아 물에 담가서 살살 흔들어 씻으면 버려지는 양을 줄일 수 있어요.

1 매생이는 찬물에 살살 흔들어 씻으면서 이물질을 제거해요.

2 달군 냄비에 참기름을 두르고 다진 마늘과 굴을 넣고 살짝 볶아요.

3 만능 육수를 붓고 끓어오르면 매생이를 넣고 끓여요.

매생이는 절대 오래 끓이지 마세요.

4 매생이가 끓으면 국간장으로 간하고 바로 마무리해요.

매콤한 어묵볶음

우리가 어렸을 때는 오뎅이라 불렀던 어묵도 참 특별한 도시락 반찬이었어요. 야채를 듬뿍 넣어 영양 반찬으로 만들어봤어요. 아이들도 좋아한답니다.

재료

사각어묵 8장, 양파 1개, 당근 1/2개, 대파 1대, 청양고추 1개, 포도씨유 적당량, 다진 마늘 1숟가락, 청주 1/2숟가락, **볶음 양념**(간장 2숟가락 + 후춧가루 약간 + 설탕 2숟가락 + 고춧가루 1숟가락 + **만능 육수** 4숟가락)
*만능 육수는 22쪽 참고, 없을 때는 멸치 우린 물이나 물로 대체해도 됩니다.

1

어묵은 네모지게 한입 크기로 썰어요.

2

양파와 당근은 한입 크기로 썰고, 대파는 어슷하게 썰어요. 청양고추는 잘게 송송썰어요.

3

달군 팬에 포도씨유를 두르고 다진 마늘을 볶다가 양파와 당근, 어묵을 넣고 볶아요.

4

볶음 양념에 물이나 육수를 넣고 볶아야 촉촉해요.

청주를 넣어 비린내를 없앤 다음, 분량의 재료를 넣고 미리 섞어 둔 **볶음 양념**과 대파, 청양고추를 넣고 살짝 볶아요.

겨울 정식

winter table 7

매운 고추 닭튀김

홍합탕

김 장아찌

유자 도토리묵무침

winter table

매운 고추 닭튀김

배달의 민족답게 전화 한 통이면 언제 어디서라도 닭튀김을 즐길 수 있지만, 집에서 직접 해먹는 그 맛을 어디에 비교할 수 있을까요. 갓 튀긴 따끈따끈 맛있는 닭튀김을 건강하게 먹어보자고요. 매콤한 청양고추를 넣어 어른들이 더 좋아해요.

재료 닭 정육 500g, 청양고추 12개, 다진 마늘 1큰술, 닭 밑간(소금·후춧가루) 약간, 우유 500ml, 밀가루 1/2컵, 전분 1/2컵, 물 1/2컵, 간장 1큰술, 튀김기름 1.5리터, **새콤달콤 고추 소스**(다진 홍고추 1과1/2순가락 + 식초 2순가락 + 설탕 1순가락 + 물엿 2순가락 + 간장 1순가락 + 다진 마늘 약간 + 레몬즙 약간 + 소금 약간)

닭고기를 우유에 재우면 닭 특유의 비린내를 잡고 육질이 부드러워져요.

1 닭고기에 우유를 붓고 10분 정도 재운 다음 체에 밭쳐 우유를 빼고 닭고기는 칼로 넓게 펴요.

2 청양고추는 다져요.

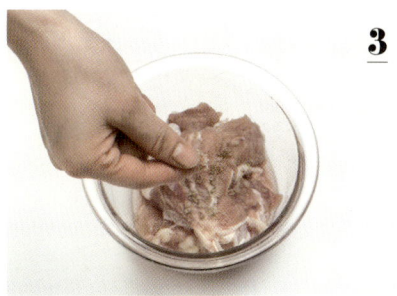

3 닭고기를 큼직하게 자르고 소금과 후춧가루로 밑간해요.

4 볼에 밀가루와 전분, 물을 섞은 다음 너무 묽지 않게 반죽하고 간장으로 간해요. 다진 고추와 다진 마늘을 넣어 튀김옷을 만들어요.

5 닭고기에 튀김옷을 살짝 입히고 180℃의 튀김기름에 튀겨요.

6 튀긴 닭의 기름을 빼고 분량의 재료를 섞어 만들어 둔 **새콤달콤 고추 소스**를 만들어 차게 식힌 다음 닭튀김에 곁들여요.

홍합탕

날씨가 차고 출출한 겨울밤 술 한잔 생각날 때 정말 딱인 메뉴예요. 홍합을 듬뿍 넣고 말갛게 끓인 홍합탕은 특별한 양념 없이 뜨끈한 국물만으로 얼어 있는 몸과 마음을 녹여준답니다.

재료

홍합 500g, 다진 마늘 2숟가락, 말린 홍고추 4개(또는 청양고추 4개), **만능 육수** 5컵, 소금 약간, 청주 1숟가락, 후춧가루 약간

*만능 육수는 22쪽 참고, 없을 때는 멸치 우린 물로 대체해도 됩니다.

홍합에 붙은 수염은 손으로 잡아 떼면 돼요.

1. 홍합은 이물질을 제거하고 껍데기를 비벼 씻어요.

2. 냄비에 만능 육수를 붓고 끓어오르면 말린 홍고추와 홍합을 넣고 뚜껑을 덮고 1분간 끓여요.

청주를 넣으면 홍합살이 탱탱해져서 쫄깃하게 먹을 수 있고 비린 맛을 제거할 수 있어요.

3. 뚜껑을 열고 청주를 넣고 소금으로 간한 다음 다진 마늘을 넣고 20~30초 지나 불을 꺼요.

4. 후춧가루를 뿌려 마무리해요.

김 장아찌

한국인의 밥상에서 김이 없었다면 우리 주부들은 얼마나 힘들었을까요? 그런 김을 보통은 구워 먹는 게 전부잖아요. 좋은 김으로 장아찌를 만들면 더 맛있지만 눅눅해진 김으로 만들어도 좋아요.

재료
돌김 20장, 대추채 약간.
양념장(간장 4숟가락 + 설탕 3숟가락 + 청주 4숟가락 + 물 8숟가락 + 생강 1톨 + 마늘 6쪽)

1 돌김은 먹기 좋게 9등분으로 잘라요.

2 냄비에 분량의 양념장 재료를 넣고 끓인 다음 거품을 걷어요.

3 김을 밀폐용기에 4장씩 깔고 끓인 양념장을 살짝 뿌린 다음 대추채를 올려요. 그 위에 김을 다시 얹는 방법으로 만들어요.

4 실온에서 식을 때까지 숙성시킨 다음 냉장고에서 3일간 익혀요.

유자 도토리묵무침

고소한 도토리묵과 상큼한 유자와의 만남이라니, 상상이 가나요? 그 둘이 만나서 어떤 시너지를 내는지 직접 경험해보세요. 밥반찬은 물론이고 술안주로도 아주 훌륭하답니다.

재료

도토리묵 1모, 깻잎 4장, 상추 4장, 양파 1/2개, 당근 1/8개, 오이 1/4개, 통깨 약간,
무침 양념(유자청 2숟가락 + 간장 2숟가락 + 고춧가루 1숟가락 + 식초 2숟가락 + 설탕 2숟가락 + 다진 마늘 1/3숟가락 + 올리브유 2숟가락 + 참기름 2숟가락 + 후춧가루 약간)

1. 도토리묵은 물에 담가 전자레인지에 3분간 돌려 살짝 보드랍게 만들어요.

2. 맨 위의 딱딱하게 굳은 부분을 칼로 도려낸 다음 도톰하게 썰어요.

3. 양파는 채 썰고 오이와 당근은 한입 크기로 어슷하게 썰어요. 상추와 깻잎은 굵게 채 썰어요.

4. 분량의 재료를 미리 섞어 **무침 양념**을 만들어서 도토리묵에 넣고 버무려요. 채소를 넣고 살살 버무리고 통깨를 뿌려 마무리해요.

홍신애가 사랑하는 것들 4

새로운 맛을 알아가는 기쁨

저는 호기심이 정말 많아요. 길을 가도 그냥 걸어가지 못하는 편이에요. 사람들이 모여 있으면 무슨 일인지 직접 봐야하고, 못 보던 음식이 있으면 꼭 먹어봐야 해요. 제가 요리를 좋아하는 것도 이런 호기심 때문일 거예요. 새로운 식재료를 알게 되고, 양념들이 조화되어 또 다른 새로운 맛이 탄생하는 것이 정말 재미있거든요.

제가 해준 밥과 음식들을 맛보고 친구들이나 손님들이 저에게 "그동안 이 음식이 이렇게 맛있는지 몰랐다!"라고 말해줄 때 정말 뿌듯하고 행복합니다. 제가 운영하는 밥집과 레스토랑에는 참으로 많은 분들이 다녀갔는데요, 요즘은 건강한 먹거리에 관심이 많아서 새로운 음식을 보면 이런저런 관심도 보이고 자주 드시는 메뉴에서도 새로운 맛을 발견하시면 많은 말씀을 해주세요.

먼저 밥인데요. 다들 밥이 이렇게 좋은지 몰랐다는 말씀을 많이 하세요. 저는 밥을 정말 좋아해서 아무리 비싼 쌀이라도 다 사서 해먹어볼 정도로 밥에 관심이 많아요. 그런데 쌀에 대해 관심이 없었거나 평소 '밥의 맛'을 의식하지 못했을 경우, 처음에는 밥맛을 제대로 느끼기 어렵기도 해요. 하지만 여러 쌀로 지은 밥의 맛을 비교하다 보면 밥의 은은한 단맛과 쫄깃한 식감이 얼마나 매력적인지 알게 될 거예요.

식재료 이야기에 빠지면 끝이 없지만 또 하나만 이야기하자면 가지도 그렇더라고요. 가지는 가정에서 오이나 감자처럼 많이 먹는 재료는 아니지요. 보라색의 진한 색과 뽀송뽀송한 특이한 질감, 익고 나면 물컹거리는 식감 때문에 먹기도 전에 거부하는 분도 많아요. 하지만 이 가지가 어떻게 양념하고 어떻게 요리하느냐에 따라 맛이 천지차이거든요. 저는 가지를 정말 좋아해서 구워서 꿀을 뿌려 먹기도 하고, 간장 양념을 하기도 하고, 매콤한 양념을 하기도 하는 등 다양하게 먹고 있어요. 가지의 이런 매력을 모르는 게 안타까워 제가 손님을 초대하거나 메뉴를 개발할 때 가지를 이용한 요리를 많이 내놓는 편이에요.
이렇게 미처 몰랐던 식재료의 맛과 그 맛이 주는 기쁨을 함께 나눌 수 있어 요리하고 가르치는 일이 참 즐거운 것 같아요.

Part 4
특별한 날 즐기는 홍신애식 집밥

설날, 대보름, 생일, 손님 초대날….
특별한 날 즐기는 음식 또한 저희 집밥에서 빠트릴 수 없는
것들이에요. 이번 파트에서는 특별한 날 자주 준비하는
대표적인 메뉴 몇 가지를 소개할게요.

까치 까치 설날

이북식 호박 만두

특별한 맛과 모양으로 우리 입맛을 만족시키는 호박 만두를 온 가족이 둘러앉아 빚어보세요.

배추전 레시피는 154쪽에!

이북식 호박 만두

재료　애호박 1개, 숙주나물 1줌(100g), 달걀 1개 + 1개, 다진 소고기 100g, 다진 돼지고기 100g, 두부 2/3모, 양파 1/2개, 조선부추 50g.
만두피 25장(찰밀가루 2컵 + 물 1/3컵 + 소금 약간 + 포도씨유 1방울).
만두 양념(생강즙 1숟가락 + 다진 마늘 1/3숟가락 + 간장 1/2숟가락 + 소금 약간 + 새우젓 국물 1숟가락 + 청주 1숟가락 + 후춧가루 약간 + 참기름 2숟가락 + 통깨 1숟가락).
초간장(간장 1숟가락 + 식초 1숟가락)

1
애호박은 얇게 채 썰어 소금을 뿌려 5분간 절인 다음 종이타월로 눌러 물기를 제거해요.

2
숙주나물은 끓는 물에 삶아 물에 헹군 다음 꼭 짜서 물기를 빼요.

3
두부는 물기를 제거하고 양파와 조선부추는 다져요.

분량의 재료를 넣고 만두 양념을 미리 섞어 두세요.

4
큰 볼에 애호박과 숙주나물, 두부, 양파, 조선부추, 다진 소고기, 다진 돼지고기를 넣은 다음 **만두 양념**을 넣고 고루 버무려요.

5
달걀을 1개 넣고 잘 섞은 다음 참기름과 통깨를 뿌려 소를 마무리해요.

6
볼에 만두피 재료를 넣고 반죽해 한 덩어리가 되면 젖은 면포로 싸서 비닐백에 넣어 냉장고에서 30분간 숙성시켜요. 반죽을 같은 크기로 떼어(30g 정도) 밀대로 밀어 적당한 크기의 뚜껑으로 찍어 만두피를 만들어요.

7
만두피에 소를 넣고 만두를 빚은 다음 찜통에서 쪄요.

8
분량의 재료를 섞어 **초간장**을 만든 다음 만두와 함께 내요.

소원 비는 둥근 대보름

대보름 비빔밥

일반적으로 대보름 비빔밥에 묵은 나물만 넣어서 비벼 먹곤 해요. 하지만 홍신애식 집밥에는 특별함이 있답니다. 바로 톳과 두부예요. 톳과 두부는 궁합이 좋은 식재료거든요. 톳에 두부를 넣고 무쳐 오곡밥에 비벼 먹는 대보름 비빔밥의 맛이 궁금하지 않으세요?

대보름 비빔밥

재료 불린 찹쌀 1컵, 불린 조 2큰술, 불린 서리태 2큰술, 불린 팥 2큰술, 불린 흑미 1/2컵, 소금 약간, 두부 1/4모, 톳 1줌(약 150g),
양념(간장 1큰술 + 설탕 1/2큰술 + 다진 마늘 약간 + 참기름 약간 + 고춧가루 약간),
비빔 고추장(고추장 3큰술 + 간장 1큰술 + 설탕 1/2큰술 + 다진 마늘 1큰술 + 참기름 2큰술 + 후춧가루 약간)

1. 먼저 냄비에 불린 팥을 10분간 삶은 다음 팥을 한번 씻어요.

오곡밥은 간편한 시판 제품을 이용해도 좋아요.

2. 압력솥에 불린 찹쌀과 삶은 팥, 불린 흑미, 불린 조, 불린 서리태, 소금 약간을 넣고 밥물을 1:1로 잡아 밥을 지어요.

양념은 분량의 재료를 넣고 미리 섞어 두세요.

267쪽의 톳조림을 사용해도 좋아요.

3. 톳은 적당히 줄기를 잘라 끓는 물에 살짝 데쳐 색이 파랗게 변하면 찬물에 씻어요. 두부는 으깨서 먼저 **양념**을 넣고 버무린 다음 톳을 넣고 다시 무쳐 톳 두부무침을 만들어요.

비빔 고추장은 분량의 재료를 넣고 미리 섞어 두세요.

4. 오곡밥에 톳 두부무침을 넣고 **비빔 고추장**을 얹어 내요.

생일상을 더욱 특별하게
수삼 갈비찜 & 애호박잡채

우리의 잔칫상에 빠질 수 없는 갈비찜에 수삼을 넣어보세요. 어르신들 생일상을 차릴 때도 고마운 근사한 음식이 될 거예요. 월과 채라고도 불리는 애호박 잡채는 맛도 좋지만, 특별한 잡채인 만큼 특별한 생일상에 올리면 이야깃거리도 많은 음식이에요.

소고기 미역국 레시피는 66쪽을 참고하세요.

수삼 갈비찜

애호박 잡채

수삼갈비찜 만들기

재료 소갈비(갈비찜용) 1kg, 마늘 4쪽, 물 6컵, 당근 1/3개, 대파 1대, 잣 1숟가락, 양파 1개, 수삼 1뿌리, 무 1/6개.
찜 양념(간장 6숟가락 + 설탕 3숟가락 + 배즙 3숟가락 + 다진 마늘 1숟가락 + 다진 생강 1/3숟가락 + 참기름 1숟가락 + 깨소금 약간 + 후춧가루 약간)

1. 소갈비는 칼집을 두세 군데 깊게 넣은 다음 찬물에 30분 이상 담가 핏물을 빼요.

2. 당근과 무는 큼직하게 잘라 모서리를 돌려 깎고 대파는 큼직하게 썰고 양파는 통으로 준비해요.

3. 수삼은 칼등으로 껍질을 살살 벗겨 머리 부분을 자르고, 잣은 고깔을 떼요.

4. 팔팔 끓인 물에 소갈비를 30분 정도 끓여 기름과 거품을 걷어내요.

분량의 재료를 넣고 찜 양념은 미리 섞어 두세요.

5. 육수에 **찜 양념**을 풀고 약한 불로 20분 정도 끓여요.

6. 당근과 무, 대파, 양파, 수삼을 넣고 10분간 끓이다가 채소가 모두 익으면 잣을 뿌려 마무리해요.

애호박 잡채 만들기

애호박은 도톰하게 썰어서 반으로 자르고, 숟가락을 이용해 씨 부분을 도려내고 눈썹 모양으로 썰어요.

애호박은 소금에 살짝 절였다가 종이타월을 이용해 물기를 제거해요.

달군 팬에 포도씨유를 두르고 애호박을 살짝 볶아요.

소고기와 표고버섯은 얇게 채 썰어 **불고기 양념**을 넣고 버무려요.

재료 애호박 1개(약 400g), 소고기 1줌(약 150g), 느타리버섯 1줌(약 100g), 표고버섯 1/2줌(약 50~60g), 홍고추채(고명용) 약간, 찹쌀가루 1컵, 끓는 물 약간, 포도씨유 적당량, 참깨(또는 깨소금) 약간, 참기름 적당량, 소금 약간, 후춧가루 약간.
불고기 양념(간장 1숟가락 + 설탕 1숟가락 + 다진 마늘 약간 + 후춧가루 약간 + 청주 1/2숟가락 + 사과 주스 약간 + 참기름 약간)

5
느타리버섯은 먹기 좋게 찢어서 끓는 물에 살짝 데쳐 물기를 빼요.

6
달군 팬에 포도씨유를 두르고 느타리버섯, 표고버섯, 소고기 순으로 볶아요.

7
찹쌀가루는 끓는 물로 익반죽해서 작고 동그랗게 빚어 포도씨유를 넉넉하게 두른 팬에 노릇하게 지져요.

8
볼에 볶은 애호박, 소고기, 느타리버섯, 표고버섯, 찹쌀 새알심을 넣고 후춧가루와 깨소금, 참기름으로 잡채처럼 버무려 상에 내요. 부족한 간은 소금으로 하고 홍고추로 색감을 내요.

손님 초대한 날

마늘 새우 우동 샐러드 & 꽃게찜

이 메뉴들은 가까운 친구들을 부담 없이 초대해서 밥 한 끼 대접하고 싶을 때 손색없는 맛있는 음식이에요. 싱싱한 해산물은 아무 양념을 하지 않아도 그 자체로도 훌륭한 음식이 돼요. 꽃게 역시 찌기만 해도 순식간에 맛있는 꽃게찜이 뚝딱 만들어지지요.

꽃게찜

마늘 새우 우동 샐러드

마늘 새우 우동 샐러드 만들기

재료 냉장 우동 2봉, 샐러드 채소(양상추, 로메인 상추, 어린잎 채소 등) 2줌, 새우(중하) 8마리, 사과 1/2개, 방울토마토 8개, 아몬드 슬라이스 1숟가락, 포도씨유 적당량, 소금 약간, 후춧가루 약간.
샐러드드레싱(설탕 2숟가락 + 식초 2숟가락 + 다진 마늘 약간 + 간장 2숟가락 + 고추냉이 약간 + 고춧가루 약간 + 참기름 1숟가락 + 올리브유 2숟가락 + 레몬즙 약간).
새우 양념(다진 마늘 1숟가락 + 고춧가루 약간 + 청주 1숟가락 + 올리브유 1숟가락)

1
새우는 내장을 제거하고 껍질을 벗긴 다음 소금과 후춧가루로 밑간해요.

2
새우 양념은 분량의 재료를 넣고 미리 섞어 두세요.
새우는 **새우 양념**에 잠시 버무리고 팬에 포도씨유를 두르고 센 불에서 구워요.

3
우동은 끓는 물에 2분간 삶아 찬물에 헹궈 물기를 빼요.

4
사과에 레몬즙을 뿌리면 갈변을 방지할 수 있어요.
샐러드 채소는 씻어서 물기를 빼요. 사과는 네모지게 먹기 좋게 썬 다음 레몬즙을 뿌려요.

5
샐러드드레싱은 분량의 재료를 넣고 미리 섞어 두세요.
볼에 샐러드 채소와 사과, 구운 새우, 방울토마토를 담고 **샐러드드레싱**을 뿌려서 버무려요. 그릇에 샐러드를 담고 아몬드를 뿌려요.

꽃게찜 만들기

재료 활꽃게 8마리, 청주 3컵, 물 3컵

살아 있는 상태로 찌면 내장이 빠져나와 맛이 없어요

1. 살아 있는 꽃게는 솔로 문질러 잘 씻은 다음 냉동실에 2시간 얼려 기절시켜요.

2. 찜기에 청주와 물을 붓고 팔팔 끓여 김이 오르면 꽃게의 등을 바닥으로 놓고 올려요.

3. 찜기 뚜껑을 덮고 10분간 찐 다음 실온에서 잠시 식혔다가 먹어요.

홍신애의 꿀팁

꽃게찜을 손님상에 낼 때는 미리 가위를 이용해 먹기 좋게 손질하면 더 좋아요.

책 속에 등장하는 제품 정보

그린팬 www.greenpankorea.co.kr
세라믹 코팅 프라이팬으로 인기를 끌고 있는 벨기에 브랜드로 감성적인 색감과 심플한 디자인이 매력적이다. 세라믹 코팅은 조리 중 유독 가스를 배출하지 않아 건강한 음식을 만드는 데 탁월하다.

제품 사진: 전 요리 과정의 팬과 냄비

어퍼테이블 www.uppertable.kr
친절한 네 남자가 운영하는 리빙 편집숍. 합리적인 가격에 실용적이고 유니크한 그릇과 리빙 제품을 만나볼 수 있다.

제품 사진: 286쪽 접시와 볼, 288쪽 분홍색 밥그릇, 288쪽 왼쪽 하단 반찬 그릇, 292쪽 그릇들

테이크룩 www.takelook.co.kr
구하기 어려운 아라비아핀란드, 캐서린홀름, 피기오, 게플레, 구스타브스베리, 로스트란드 등 북유럽 빈티지 도자기와 빈티지 가구, 인테리어 소품을 제안하고 있는 리빙 편집숍이다.

제품 사진: 124쪽, 184쪽, 187쪽, 190쪽, 193쪽, 209쪽, 210쪽, 214쪽, 216쪽, 230쪽, 232쪽, 233쪽, 234쪽, 235쪽, 240쪽, 244쪽, 246쪽, 254쪽, 267쪽, 270쪽, 273쪽, 276쪽, 278쪽, 279쪽

카루셀리 www.karuselli.co.kr
컵, 접시, 볼, 티팟, 우드 제품, 주방장갑, 앞치마, 쿠션, 마블트레이 등 국내에서 자체 제작한 테이블웨어와 소품으로 젊은 주부들의 인기를 끌고 있다.

제품 사진: 120쪽, 126쪽, 131쪽, 134쪽, 208쪽

모리다인 www.moridain.com
생활 속에서 편하게 사용할 수 있는 깔끔하고 모던한 디자인의 그릇과 소품을 부담 없는 가격으로 만나볼 수 있는 곳.

제품 사진: 18쪽 만능양념간장병, 40쪽, 50쪽, 64쪽, 68쪽, 72쪽, 76쪽, 80쪽 우드 플레이트, 86쪽 우드 제품, 103쪽, 118쪽, 146쪽, 147쪽, 152쪽, 158쪽, 180쪽

담다 www.dam-da.com
큐티폴, 이이호시유미코, 로바트, 핀티, 차바트리, 레데커, 김석빈도자기 등 실용적이고 트렌디한 생활도자기와 리빙 제품들을 선보이고 있는 곳. 특히 큐티폴사의 커트러리와 뿔이 달린 유니크한 모양의 로바트 그릇으로 SNS를 뜨겁게 달구고 있다.

제품 사진: 286쪽 티팟, 288쪽 국그릇과 물컵

더플랏74 www.theflat74.com
볼티디쉬, 모던유기, 스테인리스 그릇, 도자기, 나무 그릇, 수입 주방용품으로 인기를 끌고 있는 리빙 쇼핑몰. 특히 공동구매 형식으로 진행하는 합리적인 가격의 모던유기가 인기 아이템.

제품 사진: 284쪽 유기 그릇들

Index

ㄱ

간장 돼지 불고기 64
간장 새우 198
갈릭 매시트포테이토 246
갈치조림 208
감자 달걀국 118
감자채볶음 153
검은콩 냉국 136
견과류 멸치볶음 260
고추 장아찌 52
고추장 육회 180
고추장찌개 92
굴무침 233
굴전 234
굴튀김 235
규동(소고기 덮밥) 220
김 장아찌 279
까나리액젓 양념 돼지 불고기 90
깍두기 45
꼬막무침 236
꽃게 된장찌개 190
꽃게찜 294
꽃등심 소금구이와 영양부추무침 146
꿀 마늘소스 전복구이 80

ㄷ

다시마 국물김치 38
달래 두부 된장국 74
달래전 94
닭가슴살 불고기 134
대보름 비빔밥 286
데리야키 오징어 통구이 158
도라지 오이생채 102
돈가스 김치냄비 241
돌미나리무침 87
동치미 48
돼지호박 새우젓 맑은탕 162
두부 김치탕국 141
두부 쌈장 36
두부조림 244

ㅁ

마늘 떡갈비 98
마늘 새우 우동 샐러드 293
만능 양념 간장 18
만능 양념 된장 19
만능 육수 22
만능 흑초 고추장 20
맑은 양배춧국 109
맑은 콩나물국 210
매생이 굴국 272
매실청 57
매운 고추 닭튀김 276
매콤 꽃게볶음(칠리크랩) 186
매콤한 가자미찜 72
매콤한 가지볶음 142
매콤한 어묵볶음 273
매콤한 어묵탕 232

매콤한 오징어볶음 161
멸치 강된장 214
명란 달걀말이 168
명란젓구이 258
모과청 57
모둠 조개탕 82
무 된장 장아찌 54
무말랭이무침 169
미역 오이 초무침 120

ㅂ

배추전 254
버섯 메추리알 장조림 181
버섯 소불고기 172
버섯 잡채 209
보리새우 마늘종볶음 76
보리새우 시금치 된장국 75
봄동 된장무침 86
부대찌개 264
부드러운 진미오징어채무침 163
부추 간장양념을 곁들인 연두부 193
비상용 즉석밥 만들기 34

ㅅ

삼겹살 간장찜 230
새우젓 애호박볶음 137
서울식 파육개장 222
석류청 57
석화 한 접시 266

성게알 비빔밥 140
소고기 뭇국 200
소고기 미역국 66
손으로 두드려 만든 소불고기 170
수삼 갈비찜 289
수제 돈가스 240
시금치무침 147
시래기 고등어조림 270
시래기 된장국 259
씀바귀 고추장무침 69

ㅇ
알배기 주꾸미볶음 106
알배추 겉절이 44
애호박 잡채 290
양념 게장 114
양파 김치 40
어깨동무 닭볶음탕 250
얼큰한 순두부찌개 100
얼큰한 재첩국 84
연근조림 204
오미자청 57
오분도미 냄비밥 32
오분도미 누룽지 닭백숙 128
오분도미 유부초밥 126
오이 미역냉국 154
오이고추 된장박이 130
오이소박이 42
오이피클 50

오징어 뭇국 202
완전 시원한 도토리무국 148
유부두부 미소 된장국 242
유자 도토리묵무침 280
이북식 호박 만두 284

ㅈ
자반고등어구이 216

ㅊ
참나물무침 68
초계탕 166

ㅋ
콩나물무침 187
콩비지찌개 178
콩자반 253

ㅌ
토란대 마늘볶음 224
톳조림 267

ㅍ
파래무침 217
풋마늘튀김 110

ㅎ
하얀 무생채 46
한우 양지머리 사골국 184

해파리냉채 131
호박고지 들깨나물 203
홈메이드 두부&두유 194
홍합탕 278
황태 해장국 252
흑초 고추장 제육볶음 152

L
LA갈비 192

재료 손질
꽃게 손질하기 117
오징어 손질하기 160
주꾸미 손질하기 108

콩을 제일 잘 아니까
발효를 제일 잘 아니까

샘표의 70년 콩 발효기술로 찾아냈습니다
옛 선조들의 지혜가 살아있는 집된장 본연의 건강하고 깊은 맛!

"항산화물질이
풍부한
흑초의 제조법"
(10-1441790)
특허등록

건강한 백년을 위한 작은 습관의 시작
우리 가족은 건강은 백년동안 흑초와 함께

현미가 맑고 검은 빛의 흑초가 될 때까지
백년동안은 천천히 제대로 발효합니다.

'홍신애 쌀'은 다릅니다!

대한민국 밥 잘하는 요리연구가 홍신애가 선택한 바로 그 쌀!

* 홍신애 쌀은 물 좋은 전남 보성에서 생산한 프리미엄 쌀입니다.

한 번 먹을 분량만 소량 포장한 440g 시리즈도 있어요!

홍신애 쌀은 이곳에서 구입이 가능해요

- 현대백화점, 롯데마트 전 매장
- 온라인 가든포레스트 gardenforest.co.kr
- 440g 시리즈는 현대백화점과 가든포레스트 쇼핑몰에서만 만나볼 수 있어요.

GARDEN CLASSICS

문의 061-853-3115